Mein Hannover

Eine Stadt im Wandel: Die bunten Fünfziger

Bitte recht freundlich

So sieht echtes Kinderglück aus: Strahlend sitzen Matthias (rechts) und sein bester Freund auf einer Bank auf dem Verdener Platz in Hannover-Ledeburg und blinzeln fröhlich in die Sonne. Papa Hans Sesselmann fotografiert den Sohn, ein neuer Schnappschuss fürs Familienalbum. Gleich geht es auf Fahrradtour mit den neuen Rädern, die mit echten Ledersätteln und rot leuchtenden Reflektoren ausgestattet sind. Das ist für diese Zeit etwas ganz Besonderes.

Mein Hannover

Eine Stadt im Wandel: Die bunten Fünfziger

Autoren:
Matthias Sesselmann
Bert Strebe

Fotos:
Sammlung Sesselmann

Redaktion:
Ingrid Lundberg-Piper

Art Direction:
Carina Peitsch

Layout & Satz:
Katrin Schütze-Lill

Titelfoto:
Christa Sesselmann

Lithografie:
Farbecht GmbH, Hannover

Fachliche Beratung:
Dr. Waldemar R. Röhrbein

Stiftstraße 2
30159 Hannover
www.madsack-agentur.de

1. Auflage, November 2010

Druck:
Druckhaus Göttingen
Göttinger Tageblatt GmbH & Co. KG
Dransfelder Straße 1
37079 Göttingen

ISBN
978-3-940308-56-6

Bibliografische Informationen der Deutschen Bibliothek:
Die Deutsche Bibliothek verzeichnet diese Publikation in der Deutschen Nationalbibliografie; detaillierte Daten im Internet über http://dnb.ddb.de abrufbar.

Vorwort

Ein Schatzkästchen voller Erinnerungen

Es sind Erinnerungen. Ganz persönliche Erinnerungen. Vom Kinderfasching, dem Besuch auf der Messe, dem Familienausflug. Fotografiert von Hans Sesselmann. Wenn der gelernte Grafiker in den Fünfzigerjahren des vorigen Jahrhunderts loszog, die Kamera umgehängt, Sohn Matthias an der Hand, dann war das immer etwas Besonderes. Denn Hans Sesselmann fotografierte schon damals in Farbe. Auch wenn die kleine Familie sich die teuren Filme eigentlich nicht leisten konnte. Der Vater wollte zeigen, was mit seiner Stadt geschah. Und das sollte nicht schwarz-weiß sein. Sesselmann sah sich nicht als Künstler, er wollte Hannovers Entwicklung dokumentieren. Und das so realitätsnah wie möglich.

Als Matthias Sesselmann jetzt, rund 60 Jahre später, diesen Schatz seines Vaters wiederentdeckte, wusste er gleich, dass er diese Bilder nicht für sich behalten durfte. Er holte die sorgfältig hinter Glas gefassten Dias aus den Rahmen, vorsichtig, damit ihnen nichts geschah. Zu jedem der Bilder wusste der Sohn, heute selbst über 50, eine kleine Geschichte zu erzählen. Privates zum Schmunzeln, aber auch Historisches. Wir erleben ein Hannover, das viele gar nicht oder nicht mehr kennen.

„Es gibt viele Fotos aus der Zeit, die Hans Sesselmann dokumentiert hat", sagt Stadthistoriker Dr. Waldemar R. Röhrbein, langjähriger Leiter des Historischen Museums Hannover. „Diese Farbfotos sind jedoch etwas ganz Besonderes. Sie zeigen einen individuellen, gelegentlich eher privaten und familiären Blick auf das, was Sesselmann gesehen oder erlebt hat, eben auf seine Gegenwart. Damit bietet er neben der Dokumentation der gebauten Geschichte zugleich einen Blick auf einige Aspekte der Kultur- und Sozialgeschichte seiner Zeit und unserer Stadt."

Damit dieses Wissen und die Fotos nicht verloren gehen, haben wir dieses Buch aufgelegt. Ein kleines Schatzkästchen voller Erinnerungen. Und mit Bildern von Hannover, die Sie so noch nie gesehen haben.

Unser Titelbild zeigt Familie Sesselmann im Stöckener Bad im Jahr 1959. Ein Foto mit Seltenheitswert: Auf dem Bild ist auch Vater Sesselmann. Fotografiert hat diesmal Mutter Christa.

BOSCH
AUTO
GUTE FAHRT
Café am Kröpcke

Sehen und gesehen werden

Seit Oktober 1955 steht in Hannovers City die Kleeblattuhr (links). Die bunten Sonnenschirme sind aufgespannt, der Kellner bedient freundlich die Gäste. Das Kaffeetrinken im hannoverschen Traditionscafé am Kröpcke ist mindestens so wichtig wie das Flanieren davor. Die Frauen tragen Petticoat (vom französischen „petit“ für klein und dem englischen „coat“ für Umhang oder Mantel), die Zeit des Rock 'n' Roll hat begonnen.

Fototag bei Sesselmanns

Die Fünfzigerjahre – das waren für Deutschland und die Welt der Beginn des Kalten Kriegs und die ersten Anfänge des Wirtschaftswunders. Die Suezkrise und die Revolution auf Kuba gehören in diese Zeit, Korea- und Indochina-Krieg, das „Wunder von Bern", der Nierentisch, der Rock 'n' Roll. Grass' „Blechtrommel" erschien, die erste Tagesschau wurde ausgestrahlt, Petticoats waren der Hit. Adenauer war Kanzler, James Dean starb, Hildegard Knef spielte „Die Sünderin". Die Männer hackten Holz hinter dem Haus, die Frauen wuschen die Wäsche von Hand in großen Bottichen, die Kinder spielten auf der Straße. Man war nach den Jahren des Zweiten Weltkriegs froh, dass man es wieder leidlich warm hatte, in den Familien herrschte das kleine Glück.

Und man begann wieder zu leben. In Hannover wichen die Behausungen in nassen Kellern und zugigen Notunterkünften richtigen Wohnungen, die Kaufmannsregale waren wieder gefüllt. Es gab Arbeit – im VW-Transporterwerk rollte 1956 das erste Fahrzeug vom Band –, und es wurde auch wieder gefeiert.

Es wurde sogar außerordentlich viel gefeiert, in Cafés und Tanzschulen, Lokalen und Gartenlauben. Man hatte einiges nachzuholen. Und wenn nicht gefeiert wurde, ging man ins Kino. Hannover verfügte Ende der Fünfziger über sage und schreibe 52 Filmtheater mit 30 000 Plätzen – so viel wie nie wieder.

Die Männer trugen Hut und Mantel, die Frauen wagten sich an kürzere Röcke. Im Georgspalast gab es Modenschauen (Eintritt: zwei Mark), die Halbstarken tauchten auf und frisierten ihre Haartollen mit Brisk. Mitunter prügelten sie sich auch. Den Älteren, die so stolz auf ihre Wiederaufbauleistungen waren, galten die jungen Wilden als Verrückte, denen es an inneren Werten fehlte. Sie ahnten nicht, dass noch ganz andere wilde Zeiten folgen sollten.

Vieles von dem, was sich damals in Hannover tat, hielt ein Mann mit der Kamera fest,

Schon Matthias Sesselmanns Großvater Johann war Fotograf. Im Ersten Weltkrieg arbeitete der gelernte Porzellanmalermeister als Kriegsberichterstatter und zog mit einer unhandlichen Glasplattenkamera durchs Land (links). Auch zu Hause fotografierte der Opa viel – und legte so den Grundstein zur Fotografentradition in der Familie, die Vater Hans (rechts) fortsetzte.

der eigentlich gar kein Berufsfotograf war: Hans Sesselmann.

Sesselmann war ein begeisterter Lichtbildner. Sein Vater Johann, von Beruf eigentlich Porzellanmalermeister, war im Ersten Weltkrieg mit einer großen Glasplattenkamera als Berichterstatter unterwegs gewesen. Später fotografierte er ganz privat Familie und Freunde. Hans Sesselmann, 1919 geboren, kannte den Umgang mit Fotoapparaten also von Kindesbeinen an. Seine erste eigene Kamera, die er sich als Jugendlicher zulegte, war eine einfache Box für Rollfilme (die man damals auch „Schülerkamera" nannte). Nach der Währungsreform stieg Hans Sesselmann auf Kleinbild um. Und – auf Farbe.

Wenn Hans Sesselmann begann, seine Ausrüstung zusammenzupacken, wusste sein Sohn Matthias: Es ist wieder Fototag. Wobei es eigentlich „Phototag" heißen müsste – damals schrieb man Foto noch mit „Ph". Eingesteckt wurden: eine Kamera für Dias, eine mit Schwarz-Weiß-Film. Manchmal noch eine Ersatzkamera. Und natürlich musste das Stativ mit. Der kleine Matthias hoffte jedes Mal, dass er mitkommen durfte. Meist durfte er.

Die Technik, mit mehrschichtigen Filmen Farbbilder herzustellen, war schon 1909 entwickelt worden. Mitte der Dreißigerjahre wurden die ersten Diafilme auf den Markt gebracht. Dann aber kam der Zweite Weltkrieg, und danach musste erst einmal wieder aufgebaut werden, auch in der Fotoindustrie.

Anfang der Fünfzigerjahre kostete ein Agfa-Diafarbfilm 10,50 Mark. Das war damals ein Haufen Geld für eine Freizeitbeschäftigung, wenn man kein Krösus war. Und Hans Sesselmann war Grafiker und verdiente nicht viel. Trotzdem leistete er sich den Luxus der Farbfotografie, mit Billigung und Unterstützung seiner Frau Christa; während der Rest der Welt meist noch Schwarz-Weiß-Filme benutzte.

Ja, was fliegt denn da? Dieses Objekt, das 1956 am Himmel über Hannover schwebte, zog alle Blicke auf sich. Und das nicht wegen der Underberg-Reklame auf dem Bauch. Das Luftschiff war ein „Blimp" – ein Prallluftschiff, das kein inneres Gerüst besitzt und fliegt wie ein Ballon.

Hans Sesselmann fotografierte die Familie und die Nachbarschaft und Kleingärtner mit ihrer Laube. Vor allem aber zog er, Sohn Matthias im Schlepptau, durch seine Heimatstadt Hannover und hielt die Veränderungen im Bild fest.

Hans Sesselmann besaß ein geschultes Auge. Er hatte bei Professor Fritz Burger-Mühlfeld die Grafikklasse an der Werkkunstschule besucht. Auch die hannoversche Künstlerin Grethe Jürgens, die selbst bei Burger-Mühlfeld studiert hatte, gehörte zu Sesselmanns Lehrern. Burger-Mühlfeld und Jürgens waren Vertreter der Neuen Sachlichkeit, einer Richtung in der bildenden Kunst, die vorwiegend während der Weimarer Republik nach einer neuen Darstellung der Wirklichkeit suchte. In der Fotografie ging es den Vertretern der Neuen Sachlichkeit um nüchternes Abbilden von Dingen, nicht arrangiert, nicht verfremdet – dokumentarisch. Und so arbeitete auch Hans Sesselmann.

In Hannover veränderte sich damals viel. 6,5 Millionen Kubikmeter Schutt, die Folge der furchtbaren Bombenangriffe, mussten weggeräumt werden. Die Verkaufsbaracken in der Innenstadt („Bazar am Kröpcke") wichen wieder richtigen Kaufhäusern – und das Kaufhaus Magis verfügte über eine besondere Attraktion: Hier gab es die erste Rolltreppe Hannovers. Die Zeit der Lebensmittelmarken war endlich vorbei. Und 1952 wurde der Flughafen Hannover-Langenhagen eröffnet.

Doch es wurde nicht nur aufgebaut in der Stadt. Manches Bauwerk, das der Krieg nicht in eine Ruine verwandelt hatte, machte trotzdem Bekanntschaft mit dem Bagger. Der damalige Stadtbaurat Rudolf Hillebrecht wollte eine andere, eine autogerechte Stadt, mit einer großzügigen, funktionsorientierten Verkehrsführung. Außerdem musste rasch Wohnraum geschaffen werden – für die zurückkehrenden Ausgebombten wie für die mehr als 100 000 Flüchtlinge und Vertriebenen aus dem Osten.

So gab es also immer wieder neue Fotomotive für Hans Sesselmann und Staunenswertes für Sohn Matthias. Auch wenn aus heutiger Sicht einige der städtebaulichen Entwicklungen kritisch gesehen werden dürften. Hillebrecht sprach nicht von „Wiederaufbau", sondern von „Neuaufbau", und da er den Historismus – eine im 19. Jahrhundert aufgekommene Strömung, Bauweisen etwa aus der Antike oder dem Barock zu imitieren – verabscheute, ließ der Stadtbaurat auch manches Gebäude abreißen, das heute als wertvoll eingestuft werden würde. Damals aber galt Hannover als Vorzeigestadt, wurde von Delegationen aus anderen Städten besichtigt, und das Magazin „Der Spiegel" brachte eine Titelgeschichte über „Das Wunder von Hannover".

Hans Sesselmann fotografierte mitunter auch beruflich für die Kataloge der Firma, in der er arbeitete und die Straßenlaternen herstellte. Bei manchen dieser Touren traf er auf einen in Hannover sehr beliebten Kollegen: Wilhelm Hauschild. Der Fotograf der Hannoverschen Allgemeinen Zeitung ließ manchmal, zwecks besserer Perspektive, von seinem Assistenten Herrn Fischer eine schwere Holztrittleiter durch die Stadt mitschleppen. Hans Sesselmann bevorzugte ein leichteres Metallmodell, das er selber tragen konnte.

Als Vater Sesselmann mal wieder mit Sohn Matthias unterwegs war, besuchten sie die Einweihung einer Kirche in Ledeburg. Auf der Festtribüne begrüßte Sesselmann senior Wilhelm Hauschild und stellte seine Kamera neben der des Kollegen auf. Sesselmann junior, der Hauschild zum ersten Mal begegnete, staunte. Nicht über die Baskenmütze, die der Fotograf trug, die kannte er von den meisten Freunden seines Vaters. Er staunte über die beeindruckende Profiausrüstung des kleinen, freundlichen Herrn.

Die hatte der Zeitungsfotograf seinem Vater voraus. Was der kleine Matthias damals nicht wusste: Hauschild fotografierte in Schwarz-Weiß. Die farbigen Fotos von Hannover machte Hans Sesselmann. Diese Farbdia-Sammlung, liebevoll hinter Glas gerahmt, befand sich jahrzehntelang fast unbeachtet in unterschiedlichen Diakästen im Haus Sesselmann. Jetzt hat Matthias Sesselmann sie wieder hervorgeholt.

Voilà: Hannover in den Fünfzigern. Bunt.

Kindertagesstätten gab es noch nicht. Im Jahr 1959 nannte man die Kitas noch Kindergarten, hier eine Gruppe im Waldeseck am Fasanenkrug. Gern wurde damals zusammen musiziert.

*„Es gab überall Trümmer,
neue Pläne –
und manche Seltsamkeit.“*

Zerstörung, Wiederaufbau und das Leben mittendrin

Baukräne bestimmten das Stadtbild: 1953 verschwand die bisherige Nordmannstraße, die ehemalige Artilleriestraße bekam einen etwas anderen Verlauf und einen neuen Namen: Kurt-Schumacher-Straße. Im Hintergrund das Anzeiger-Hochhaus, der von Fritz Höger errichtete Klinkerbau (1926 bis 1928) hatte den Krieg fast unbeschädigt überstanden. Das Sparkassengebäude links daneben wurde schon 1952 fertiggestellt. Rechts das ehemalige Goseriedebad.

Hannover war im Zweiten Weltkrieg ein wichtiger Standort für Staat und Wehrmacht. Hier wurden Panzer und Akkus für U-Boote gebaut, Reifen für Armeeautos hergestellt, aus den Raffinerien kamen Benzin und Öl für die Luftwaffe. Darin lag der Hauptgrund für die katastrophale Zerstörung der Stadt. Die Alliierten wollten die Nachschubproduktion unterbinden und die Menschen zermürben. 88 Angriffe wurden auf Hannover geflogen, fast 7000 Menschen starben dabei. Hunderttausende wurden obdachlos.

Als der Krieg endlich vorbei war, machten sich die Hannoveraner an den Wiederaufbau. Es musste ungeheuer viel Schutt weggeräumt werden – das Niedersachsenstadion entstand auf solchen dort abgeladenen Trümmern. Hans Sesselmann dokumentierte auf seinen Streifzügen durch die Stadt manche Zerstörung, manche Restaurierung – und manche Seltsamkeit. Die Garnisonskirche am Goetheplatz in der Calenberger Neustadt beispielsweise hatte durchaus unter dem Bombenhagel gelitten, das aber war reparierbar. Es wurde auch repariert – und doch wurde die Kirche später abgerissen. Das kümmerte weder Kirche noch Bundeswehr. Heute stehen an ihrer Stelle drei gesichtslose Hochhäuser eines Schwesternwohnheims.

Die 1896 eingeweihte Garnisonkirche am Goetheplatz wurde im Krieg beschädigt. Die Bombenschäden der Kirche waren aber reparabel, wie das Foto von 1954 zeigt. Dennoch wurde die Kirche, für die man keine Verwendung fand, 1959 abgerissen. Das Gotteshaus stand übrigens ganz in der Nähe der Synagoge, die von den Nazis zerstört wurde. Das Kirchengelände wurde dem Frederikenstift überlassen, das hier später drei Schwesternwohnheime baute.

Auch wenn die Kleinen auf dem Bild ernst blicken, Fasching war auch in den Fünfzigern groß gefragt. Und wer ein echter Seeräuber oder Kapitän war, der konnte ja schließlich nicht grinsen ... Gekaufte Kostüme gab es noch nicht, Piraten- oder Gespensterkostüme zauberte die Mutter mit viel Fantasie.

Das Leineschloss hatte viele Treffer abbekommen und war im Innern ausgebrannt. Man machte sich sofort an die Restaurierung: Stadtbaurat Rudolf Hillebrecht hatte schon 1948 vorgeschlagen, dort solle das Parlament des neu gegründeten Landes Niedersachsen tagen. Dessen Konstituierung fand übrigens im Neuen Rathaus zu Hannover statt. Auch dieses Gebäude war beschädigt worden und zeigte sich noch 1954 auf der Südseite mit Fensterhöhlen, die mit Latten verrammelt waren.

Die Leineinsel, im Volksmund „Klein Venedig" genannt, verschwand nach dem Krieg, denn einer der beiden Leinearme wurde zugeschüttet – es sollte Platz für das mehrspurige Leibnizufer geschaffen werden. Dass gerade hier in späteren Jahrzehnten arge Staus entstehen würden, hätte sich in den Fünfzigern allerdings niemand ausmalen können.

Als Sohn Matthias Sesselmann damals mit dem Vater durch die Innenstadt zog, fiel ihm auf, dass sich an einer speziellen Ruine so gar nichts tun wollte. Dabei stand sie an prominenter Stelle nahe dem Aegi. Der Vater erklärte ihm, dass dieser zerstörte Bau – es war die Aegidienkirche – als Mahnmal bestehen bleiben solle, ebenso wie die Nikolaikapelle.

Die hannoversche Ruinenwelt war nicht nur trist. Für die Kinder bot sie abenteuerliche Orte, an denen man Verstecken spielen und seinen Mut bei der Erkundung etwa eines Bunkers beweisen konnte. Das war nicht immer ungefährlich: Ein Freund von Matthias Sesselmann fand eines Tages etwas, das ihm interessant vorkam, nahm es mit nach Hause und zeigte es stolz seiner Mutter. Die war alles andere als erfreut. Was ihr Sohn in Händen hielt, war eine funktionsfähige Tellerhandgranate.

Auch sonst unterschied sich der Alltag der Kinder damals von dem des heutigen Nachwuchses. Keine elektronischen Spielzeuge, kein Fernsehen. Man hörte Radio, und es wurde gelesen – wenn auch nicht immer nur anspruchsvolle Jugendliteratur. Comic-Hefte wie „Prinz Eisenherz" (die es schon ab 1939 gab), „Sigurd" oder „Fix und Foxi" (die 1953 dazukamen) waren heiß begehrt

und wurden vorzugsweise mit der Taschenlampe unter der Bettdecke gelesen. Die Eltern hielten dergleichen natürlich für Schund, ebenso wie Micky Maus und Donald Duck. Angeblich hatten die Sprechblasen eine intelligenzmindernde Wirkung.

Es wurde gebastelt, gestrickt und geschneidert. Wenn der Schulfasching anstand, wurden keine Kostüme gekauft. Man entwarf sie selbst, und Mutter griff zu Nadel und Faden. Für einen Auftritt als Gespenst reichte schon ein altes Bettlaken, in das man Augenlöcher hineinschnitt.

Wenn die Familie Sesselmann auswärtigen Besuch bekam, musste sie den Gästen natürlich etwas bieten. Aber was konnte das sein? Keine Frage: eine Rathausbesichtigung. Wer das Neue Rathaus zum ersten Mal sah, staunte über das schlossartige Gebäude. Und über die imposante Kuppel, das Ziel des Ausflugs. Die Erwachsenen ließen sich eine Fahrt mit dem schrägen Fahrstuhl nicht entgehen, die Kinder holten sich einen Drehwurm beim damals noch möglichen spiralförmigen Treppenaufstieg – um beim nächsten Mal dann auch lieber den Lift zu nehmen …

6,5 Millionen Kubikmeter Schutt

Nach dem Krieg müssen in Hannover 6,5 Millionen Kubikmeter Schutt weggeräumt werden. Von den 72 000 Wohnungen, die es in der Stadt gab, sind 64 000 zerstört oder schwer beschädigt worden. Die Bagger haben also jede Menge zu tun. Hier ein Blick von der ehemaligen Artilleriestraße auf das Anzeiger-Hochhaus.

Angriff auf das Opernhaus

Am 26. Juli 1943 mittags findet der erste schwere Tagesangriff auf Hannover statt. Neben dem Opernhaus werden viele wichtige Gebäude in der Innenstadt getroffen. Das Foto des brennenden Opernhauses entsteht vom Bankgebäude gegenüber.

Auferstanden aus Ruinen

Die Ruinen sehen aus wie antike Überreste in Griechenland. Aber sie sind 1954 in der Prinzenstraße zu finden und Hans Sesselmann fotografierte sie. Auch dort, wo heute das Theaterleben der Stadt seinen Mittelpunkt hat, haben die Bomben alles zerstört.

Das Leineschloss brennt aus

Das von Georg Ludwig Friedrich Laves 1834 umgebaute Leineschloss, ursprünglich 1637 entstanden, brennt im Krieg im Innern total aus. Viele Kunstschätze werden Raub der Flammen. Das Schloss hat viele Treffer abbekommen. Durch die Löcher im Dach des Porticus scheint das Licht, die sechs korinthischen Säulen sind teilweise erneuert. Ab 1957 wird der gesamte Schlossbereich von Dieter Oesterlein neu gestaltet. Der heutige Landtag entsteht – 1958 ist die Grundsteinlegung, 1962 die Einweihung.

Eine Kirche als Mahnmal

1943 wird die Aegidienkirche bei einem Luftangriff auf die Stadt zerstört. Nur die Außenmauern bleiben stehen. Die Ruine wird nicht wieder aufgebaut, sie bleibt als Mahnmal für die Opfer von Krieg und Gewalt stehen. 1958 wird im Turm ein Glockenspiel zum Gedenken an die Toten des Zweiten Weltkriegs errichtet, das heute dreimal täglich erklingt.

eitung
E. Droese

Helau! Und alles selbst gemacht …

Wenn Fasching gefeiert wird, sind Fantasie und handwerkliches Geschick gefragt. Christa Sesselmann hat sich das Kostüm mit dem fernöstlichen Charme selbst genäht, der Hut wird aus Pappe geklebt, dann mit dem passenden Stoff bezogen. Die Poster über dem Sofa sind – was sonst? – selbst gemalt. Einzig die Luftschlange am Hals des britischen Gentleman ist gekauft.

Eine Lesestunde

Nicht für die Schule, fürs Leben lesen wir: natürlich nur gute Literatur, keine Schundhefte. Erste Comics wie Prinz Eisenherz, Fix und Foxi oder gar Micky Maus liest man abends heimlich unter der Bettdecke. Ganz rechts Matthias mit der Mutter in der guten Stube, der Kleine darf mit in einer Illustrierten blättern.

Die Eltern auf dem Sofa

Fernseher stehen noch längst nicht in jedem Haushalt. So sitzen Christa und Hans Sesselmann abends gemütlich auf der Couch, im Hintergrund klingt leise Musik aus dem Ukw-Rundfunkgerät. Er liest in einem Magazin, sie strickt, man plaudert über den Tag. Dieses Bild macht Hans Sesselmann mit dem Selbstauslöser.

Das Rathaus hat den Krieg überstanden

Der Krieg hat seine Spuren hinterlassen. Das Rathaus, erbaut im Jahr 1913, steht noch immer als imposantes Wahrzeichen Hannovers – hier im Jahr 1954, fotografiert von Hans Sesselmann. Das Gebäude ist im Krieg nur geringfügig beschädigt worden. Die Wiederherstellung des im Stil der Jahrhundertwende errichteten Baus zieht sich über Jahre hin. Ende 1959 werden dem hannoverschen Rat die erneuerten Sitzungs- und Besprechungsräume in den ehemaligen Festsälen auf der Südseite übergeben.

Einer von 35 Festungstürmen

Der historische Festungsturm am Neuen Weg, Ecke Friedrichswall ist einmal einer von 35 Türmen in der Stadtmauer Hannovers gewesen. Um das Jahr 950 hatte hier die mittelalterliche Besiedelung Hannovers begonnen. Der Turm mit den Verzierungen wird Ende der Fünfzigerjahre abgerissen. Die Architekturzeichnung „Festungsturm am Neuen Weg" des hannoverschen Malers Prof. Ernst Pasqual Jordan zeigt den prächtigen Turm. Der letzte verbliebene vollständige Wehrturm in Hannover ist heute der Beginenturm, der in den Neubau des Historischen Museums am Hohen Ufer einbezogen wurde.

Klein Venedig

Die Leineinsel, im Volksmund „Klein Venedig" genannt, verschwindet nach dem Krieg. Die restlichen Häuser werden abgerissen, ein Leinearm wird zugeschüttet. Zwischen den Leinearmen stand einst eine sehr dicht besiedelte Altstadt, bei der die Fachwerkhäuser bis an die Leine reichten – daher stammt auch der liebevolle Spitzname „Klein Venedig". Durch den Abriss entsteht der Platz für das breite Leibnizufer als Teil des neuen Cityrings. Das Foto wird 1957 aufgenommen, ein Gebäude steht damals noch.

Der älteste Bau in Hannover

Die Nikolaikapelle aus dem Jahr 1250 bleibt nach dem Krieg am Steintor als ältester Bau in Hannover stehen. Bei den Luftangriffen auf Hannover wurde das Kirchengebäude 1943 bis auf die Außenmauern zerstört. In den Fünfzigerjahren reißt man das Kirchenschiff ab, um Platz für eine geplante Straßenerweiterung zu schaffen. Dieses stimmungsvolle Nachtbild der Ruine auf dem Nicolaifriedhof nimmt Hans Sesselmann 1954 auf.

Altstadt, Rathaus und Markthalle

Ein Blick vom Rathausturm Richtung Marktkirche im Jahr 1954 zeigt das Hannover der Fünfzigerjahre. Die Flusswasserkunst (links) wird noch einige Jahre stehen, das Leineschloss nebenan ist schwer beschädigt und wartet auf den Wiederaufbau. Der Blick geht weiter über die Altstadt, das Alte Rathaus und die Marktkirche. Vorne rechts sieht man den Neubau der Markthalle, der gerade eröffnet worden war. Der Zweckbau ähnelt seinem imposanten Vorgänger, einer 20 Meter hohen Glas- und Stahlkonstruktion, zum Bedauern der Hannoveraner allerdings gar nicht.

Blick mit Baustellen

So zeigt sich das Hannover der Fünfziger mit einem Blick vom Rathausturm Richtung Aegidientorplatz. Großbaustellen umrahmen das neue Grotehaus (links) aus dem Jahr 1935. Diese Aufnahme entsteht 1956. Der 1950 vergrößerte Aegidientorplatz ergänzt das Verkehrsprinzip von Stadtbaurat Rudolf Hillebrecht, der eine autogerechte Stadt bauen wollte. Vorne rechts steht die 1952 gebaute Kleeblatt-Tankstelle, die später zur Galerie wird.

Blick mit Besuchermagnet

Der Blick vom Rathausturm Richtung Aegidienkirche, 1958 aufgenommen. Die Ruine bleibt als Mahnmal bestehen, bekommt aber ein neues Glockenspiel. Nach wie vor pilgern viele Besucher zu dieser Gedenkstätte. Im Inneren steht eine Plastik von Kurt Lehmann: „Die Knieende".

„Wer auf den Bahnsteig wollte, musste zehn Pfennig bezahlen."

Fernweh und Naheliegendes

Schon seit 1861 steht auf dem Bahnhofsvorplatz das Ernst-August-Reiterdenkmal. Die Aufschrift „Dem Landesvater sein treues Volk" bezeichnete Harry Rowohlt einmal als „hannöverschen Genitiv". Für Hannoveraner ist es ein beliebter Treffpunkt, man verabredet sich schlicht „unterm Schwanz".

Fernweh, Technik und Lärm – für kleine Jungs gab es in den Fünfzigern kaum etwas Spannenderes als die Bahn. So freute es den jungen Matthias Sesselmann immer besonders, wenn sich Vater Hans mit ihm zum hannoverschen Hauptbahnhof aufmachte. Das Problem mit dem Bahnhof war, dass Hans Sesselmann hier nicht nur teures Filmmaterial verschoss, sondern dafür auch noch Eintritt bezahlen musste: Wer auf den Bahnsteig wollte und keine Fahrkarte besaß, musste für zehn Pfennig (später 20 Pfennig) eine Bahnsteigkarte lösen.

Aber was tat man nicht alles für den Anblick einer schnaufenden und dampfenden Lokomotive. Die Dampfloks fuhren in Hannover auch noch nach der Elektrifizierung.

Auf Gleis 1 Richtung Lüneburger Heide hielten regelmäßig die sogenannten Donnerbüchsen. Das waren Personenzüge, bestehend aus Einheitspersonenwagen, die man aus Stahl gefertigt, aber nicht geräuschgedämmt hatte und die entsprechend dröhnten. Sie hießen Einheitswagen, weil sie in einheitlicher Bauweise hergestellt wurden. Einer der Züge war außerdem mit uralten preußischen Abteilwaggons auf drei Achsen bestückt. Gezogen wurde das nostalgische Gespann denn auch standesgemäß von einer preußischen T-12-Tenderlok aus dem Jahr 1902. Die Zeit im hannoverschen Hauptbahnhof schien stillzustehen.

Ein Onkel von Matthias arbeitete bei der Bundesbahn. Er durchlief, wie damals üb-

Er wurde von allen Jungen heiß beneidet: Ein Onkel von Matthias Sesselmann arbeitete bei der Bahn. Wie damals üblich, durchlief der junge Mann dort sämtliche Stationen, um alles kennenzulernen. Auf einer Position aber war er ganz klar Matthias' großes Idol: als Bahnsteigvorsteher mit Kelle und Pfeife!

„Von wo kommt der Zug?" Familie Sesselmann auf dem Bahnsteig. Links unten hat sich der fotografierende Vater mit verewigt, wenn auch nur schattenhaft. Solche Ausflüge waren für die Kinder einmalige Ereignisse, von denen später wochenlang geschwärmt wurde.

lich, alle Stationen des Bahnwesens. In der Rolle als Aufsichtsbeamter am Bahnsteig gefiel er dem kleinen Matthias am besten. Ein eigener Onkel mit Zugkelle und Pfeife, das war schon was.

In die Fünfziger fiel auch eine der vielen Umgestaltungen des Bahnhofsvorplatzes. König Ernst August ritt dort auf seinem Denkmal schon seit 1861, im Jahr 1958 kam ein Brunnen von Oberbaurat Karl Cravatzo dazu. Bald allerdings machten sich einige Witzbolde einen Spaß daraus, den halben Platz mithilfe des Brunnens regelrecht einzuseifen: Man kippte aus einer unauffälligen Einkaufstasche Waschpulver ins Wasser. Die Schaumbildung war beeindruckend. Nur die Techniker, die die Düsen wieder mühsam reinigen mussten, fanden das gar nicht lustig.

Der Brunnen, dem die Hannoveraner den Spitznamen „Kraftwerk" verpasst hatten, wurde damals übrigens noch anderweitig

Lüderweg
Am Fuhrenkampe
6. Seitenweg
2t

zweckentfremdet. Die ausgelernten hannoverschen Druckergesellen wurden hier „gegautscht“: Ihre Kollegen warfen sie mitsamt Bekleidung ins Wasser. Danach waren sie in die Zunft aufgenommen. Auch diese Darbietung war nicht wirklich erlaubt, wurde jedoch geduldet. Schließlich ist das Gautschen ein Brauch, der bis ins 16. Jahrhundert zurückgeht.

Aber es war natürlich nicht möglich für Hans und Matthias Sesselmann, jeden Tag bei jedem Spektakel am Bahnhof dabei zu sein. Mitunter streiften Matthias und seine Spielkameraden auch einfach durch Ledeburg und es passierte – nichts. Für manch einen war in solchen Situationen der auffällige, rot leuchtende Feuermelder eine zu große Versuchung. Einschlagen, drücken, weglaufen – und dann passierte etwas. Die Feuerwehr kam, und die Einsatzleiter schimpften über den Fehlalarm der Lausbuben.

Die Lehrer ermahnten nach solchen Vorfällen ihre Schüler, die Eltern drohten mit harten Strafen. Aber immer mal wieder wurde einer der Jungs schwach. Aus respektvoller Entfernung betrachteten die Übeltäter dann die Folgen, und unbeteiligte Kinder hielten sich lieber ebenso fern, um nicht in falschen Verdacht zu geraten.

Nach dem Krieg wurden viele Straßen und Plätze umbenannt. Oder sie wurden ganz neu benannt. In Ledeburg beispielsweise hatte die Straße Am Fuhrenkampe etliche Seitenwege, die bis dato schlicht militärisch aufgezählt wurden: 1. Seitenweg, 2. Seitenweg, und so weiter bis zum siebten. Das änderte sich 1956. Der 6. Seitenweg hieß nun Lüderweg.

Viele ältere Bewohner kamen deswegen regelmäßig ins Schleudern, während die jüngeren die neuen Namen längst verinnerlicht und die alten vergessen hatten. Ein typischer Dialog damals: „Geh mal für mich in den sechsten Seitenweg und hol mir ...“ – „Wohin, bitte, soll ich gehen?“

Hans Sesselmann fotografierte auch Straßenschilder, die solche Umbenennungen zeigten – oben der neue Name, unten der alte, durchgestrichen. Andere Fotografen hätten es als Verschwendung angesehen, dafür ihr teures Filmmaterial zu opfern. Für Hans Sesselmann waren dies wichtige Bilder, er wollte die Veränderungen in seiner Stadt dokumentieren.

Das war das Ende des „6. Seitenwegs“ der Straße Am Fuhrenkampe in Ledeburg. Nach dem Krieg bekamen die militärisch gezählten „Seitenwege“ wieder richtige Namen, wie hier der Lüderweg. Die ältere Generation hatte Mühe, sich die vielen neuen Namen zu merken.

Vorsicht, wenn der Zug einrollt

„Bitte von der Bahnsteigkante zurücktreten!" – Groß, schwarz und laut dröhnend lief auf Gleis 1 des hannoverschen Hauptbahnhofs stets der Personenzug Richtung Bückeburg ein, gezogen von der preußischen Länderbahnlokomotive P 8. Die Dampflok galt als Schnellzuglok, die 110 km/h erreichen konnte.

Seit 135 Jahren

1843, als die erste Bahn von Hannover nach Lehrte fuhr, stand als Bahnhof nur ein Holzschuppen in der Stadt. Erst vier Jahre später war der erste richtige Bahnhof fertig – und wurde 1875 schon wieder abgerissen. Das neue Empfangsgebäude entwarf Architekt Hubert Stier, 1897 wurde der Bahnhof in Betrieb genommen. Bei den Luftangriffen auf Hannover im Juli und Oktober 1943 wird der Bahnhof weitgehend zerstört. Vom Empfangsgebäude bleiben nur die Außenmauern erhalten. Im Sommer 1948 beginnt dann der erneute Wiederaufbau mit der erhaltenen Fassade.

Rundfunk
Fernsehen
HELFER IM HAUSHALT AEG

Überschäumende Scherze

Während auf den Gleisen die Nachkriegslok der neuesten Generation (23er-Baureihe) zu bewundern ist (links), glänzt auf der Vorderseite des Hauptbahnhofs der 1958 neu geschaffene Brunnen von Karl Cravatzo, dem der Volksmund gleich den Spitznamen „Kraftwerk" verpasst. Der Brunnen, vor dem sich die Hannoveraner gern verabreden, ist aber auch immer wieder Ziel von Unsinn. Tunichtgute kippen immer wieder Waschpulver in das sprudelnde Wasser und bringen den Brunnen zum Überschäumen.

Einschlagen, drücken, weglaufen

Der knallrote Feuermelder am Verdener Platz im Stadtteil Ledeburg ist der Anziehungspunkt für die Kinder. Manch ein Junge (die auf dem Foto natürlich ausgenommen …) kann es einfach nicht sein lassen, die kleine Scheibe einzuschlagen, den Knopf zu drücken, wegzulaufen und aus sicherer Entfernung gespannt zuzusehen, wie die Feuerwehr anrückt.

Sparspielplätze und Fantasie

In den neuen Wohnsiedlungen der Fünfziger entstehen auch Spielplätze, die sind allerdings noch spärlich bestückt. Ein paar schmale Balken zum Balancieren, ein Sandkasten, etwas Rasen zum Fußballspielen, das ist schon alles. Da ist noch viel Platz für Fantasie.

Feuermelder
Feuermelder

Na, wer traut sich …

Auf manchen Spielplätzen gibt es auch schon Klettergerüste für die Mutigen. Ob Mädchen oder Junge – das ist ganz egal. Wer sich nicht traut, ganz oben auf dem dünnen Metallgerüst zu balancieren, bleibt lieber unten und gibt vor, unbedingt auf die ganz Kleinen aufpassen zu müssen. Man beachte dabei den kecken Hut des Babys und den geschwungenen, aus Korb geflochtenen Kinderwagen – das ist Anfang der Fünfziger der letzte Schrei.

SHELL

SHELL
BANANES

Der kleine Bahnfreund

Und jetzt mal ordentlich Dampf machen: Eisenbahnen haben es Matthias Sesselmann angetan, wie dieses Foto von 1959 zeigt. Auch heute kann man ihm bei historischen Eisenbahnen so leicht nichts vormachen. Glücklich schätzen kann sich in den Fünfzigerjahren, wer eine echte Märklin-Eisenbahn besitzt. Aus Platzgründen wird die Platte mit den Schienen bei Familie Sesselmann nach Gebrauch an die Wand geklappt und hinter Vorhängen verborgen.

„Zu jener Zeit kamen auf ein Auto 35 Einwohner."

Das Leben in der City und kulinarische Neuheiten

Mit Schwung in die Kurve am Kröpcke: Die größte Fußgängerzone der Welt war 1955 noch Zukunftsmusik in Hannover. Die Straßenbahnen fuhren noch oberirdisch, auch mitten durch die Georgstraße. Ab 1950 setzte die Üstra neue Großraumwagen ein.

Die legendäre „Rote Elf" war eine feste Größe in Hannover. Die Straßenbahn, die von 1899 bis 1958 Hildesheim und Hannover verband und hier bis zum Klagesmarkt führte, verfügte einige Jahre wegen der langen Fahrzeit sogar über einen eigenen Buffetwagen. Später verkehrte sie noch auf Teilstrecken als „Halbe Elf".

Hans und Matthias Sesselmann haben die Bahn noch in Aktion erlebt – und Vater Sesselmann musste natürlich ein Foto davon machen. Man kann die Bahn heute noch bewundern: Die „Rote Elf" steht, fein restauriert, in einer Halle des Üstra-Betriebshofs in Döhren, zusammen mit 20 anderen historischen Bahnen.

Wenn man die Innenstadtbilder aus jener Zeit betrachtet, fällt vor allem der viele freie Platz auf. Ende 1952 kam ein Pkw auf 35 Einwohner. Stadtbaurat Hillebrecht rechnete für die Zukunft mit einem Verhältnis von eins zu zehn. Heute kommt ein Wagen auf zwei Einwohner.

Damals waren die Sesselmänner manchmal mit einem Onkel von Matthias unterwegs, der einen Ford Taunus 12M fuhr. Das „M" stand für „Meisterstück". Der Wagen hatte eine kleine Weltkugel in der Nasenspitze über dem Kühlergrill sitzen und kostete nahezu unerschwingliche 7500 Mark (ein Schriftsetzer bekam seinerzeit 200 Mark im Monat). Jedenfalls: Wenn ein Foto gemacht werden sollte, fuhr der Onkel einfach rechts ran und parkte. Ob am Kröpcke oder in der Georgstraße – an Parkplätzen war kein Mangel. Und von Parkgebühren redete auch noch niemand. Bis Mitte 1956 übrigens fuhren die Autos mit Alliierten-Kennzeichen, weiße Schrift auf schwarzem Grund. Erst danach wurden die andersherum gestalteten Schilder ausgegeben.

Mitte der Fünfziger war die Innenstadt wieder eine Innenstadt. Karstadt eröffnete

Die „Rote Elf" aus Hildesheim mit angehängtem Buffetwagen an der Haltestelle Kröpcke. Die Vierachser dieser Baureihe wurden in Hannover von 1899 bis 1958 nur auf der Strecke Hildesheim – Hannover-Klagesmarkt eingesetzt. Diese Bahn war damals legendär.

neu, das Steintor war umgebaut, die Straßenbahnen fuhren wie zuvor quer über den Kröpcke. Hier kreuzten sich die Linien Steintor-Aegi und Markthalle-Hauptbahnhof. Am Kröpcke saß die Verkehrsleitstelle; an allen wichtigen Knotenpunkten waren Kanzeln gebaut worden, um die Weichen stellen zu können. Der erste Neubau am Kröpcke war schon 1949 das Europahaus mit der „Sprengel"-Reklame auf dem Dach gewesen. Das Café Kröpcke und andere Plätze präsentierten sich ab 1954 mit einer modernen dreiblättrigen Uhr (eine ist heute noch am Steintor zu finden). Die historische

Kröpcke-Uhr, 1885 von einem gewissen Konrad Oertel entworfen, wurde erst später rekonstruiert und Ende 1977 am alten Standort aufgestellt. Die Geschäfte waren wieder gefüllt – aber da und dort konnte man noch Provisorien wie einen Hanomag-Lieferwagen beobachten, der als mobile Bäckereiverkaufsstelle fungierte.

Am Steintor machte das legendäre Bratwurst-Glöckle Appetit auf einen Imbiss. Jahrzehntelang wurden die Würste hier nur in einem einfachen Stand gebraten, aber das störte niemanden. Bot das Glöckle doch eine Spezialität: die sogenannte „Hannoversche Bratwurst", und sie war auch noch zehn Pfennig billiger. Das Geheimnis der legendären Currywurst-Soße konnte nie gelüftet werden.

Das Steintor hatte eben schon damals viel mit spezieller Kulinarik zu tun. Ein anderes Beispiel war der Postkiosk mit seinem preiswerten Gemüse. Inhaberin „Muttchen Stiller" tauschte frühmorgens Flachmänner gegen Gemüse – das Grünzeug hatten ihr Obdachlose vom Großmarkt mitgebracht. Und später am Tag deckten sich Generationen von Postbeamten bei Muttchen Stiller mit preiswertem Kohl und Salat ein.

Schließlich war da noch die beliebte Hannoversche Bouillonwurst von Ahrberg. Aber die gab es nicht am Steintor, sondern später im aufgestockten Magis-Restaurant „City-Blick" am Kröpcke, zusammen mit einem wunderbaren Blick auf die Stadt.

Neu gebaut wurde natürlich nicht nur in der Innenstadt, sondern auch in den äußeren Bezirken – aber meist waren das schlichte Siedlungen. Spektakuläres gab es selten, es sei denn, dass mal ein Goggomobil am Straßenrand stand.

Ein richtiges Auto konnte sich damals kaum jemand leisten. Erst in der zweiten Hälfte des Jahrzehnts wurden immer mehr der beliebten Kleinwagen gesichtet: Das erwähnte Goggomobil, das man heute gut als Spielzeugauto für Kinder verkaufen könnte, der Messerschmitt-Kabinenroller mit Dachhaube und ohne Rückwärtsgang, die BMW-Isetta mit aufklappbarer Front oder der sogenannte „Leukoplastbomber" von Lloyd, der zwar einen Kofferraum besaß, aber keine Kofferraumklappe, er konnte deshalb nur von innen beladen werden. Speziell zu diesem Auto hatte der Volksmund einen drastischen Spruch parat: „Wer den Tod nicht scheut, fährt Lloyd."

Zwei Damen beim Shoppen – pardon, damals hieß das noch „Einkaufsbummel", aufgenommen 1956 in der Schillerstraße. Im Hintergrund nur zu erahnen: die beliebte Bratwurst-Glöckle-Bude am Steintor – schon damals ein Geheimtipp.

RADIO PHILIP
RWAREN
nn & Sander
DAK
FRISEUR

Das neue Steintor

Das Foto aus dem Jahr 1955 zeigt das neu gestaltete Steintor mit Anzeiger-Hochhaus und Georgstraße. Das 51 Meter hohe Anzeiger-Hochhaus ist ein Wahrzeichen Hannovers. Die grün patinierte Kupferkuppel gilt als einzigartig im Hochhausbau. Darunter verbarg sich früher ein Planetarium, heute sind hier die Hochhaus-Lichtspiele untergebracht.

Viel Platz in der Innenstadt

Mit dem Autoverkehr gibt es damals noch keine Probleme in der Innenstadt. Mal rumpelt ein Auto vorüber, mal ein Motorrad. Die meisten Menschen fahren mit dem Fahrrad oder der Bahn. Ein Blick Richtung Kröpcke aus der Georgstraße zeigt, dass damals noch viel Platz auf den Straßen ist.

Der erste Neubau

Das Europahaus mit der Sprengel-Reklame auf dem Dach ist 1949 der erste Neubau am Kröpcke. Es wird schon damals ganz ordentlich geworben, für Herrenmode, Bier, Kaffee und Waschmittel. Und es ist verboten, in die Karmarschstraße einzubiegen. Die Bilder sind von 1955.

SPRENGEL
EUROPA Café HOTEL
BURGEFF Grün
ERNST GROTE-KAFFEE
EUROPA-HAUS
Persil
Henkel
bleibt
Persil
FILME-CAMERAS
CAMERAS
Drogerie
WORMLAND
WORMLAND

CAMERAS

Karstadt öffnet wieder

Das neu eröffnete Kaufhaus Karstadt im Jahr 1955. Rechts im Bild steht ein Fahrzeug mit alliiertem schwarzem Nummernschild. Die deutschen weißen Nummernschilder mit schwarzer Schrift werden zwar schon ausgegeben, aber zunächst nur für Neuwagen.

Unter Arkaden schön einkaufen

Die Rathenaustraße im Jahr 1954: Unter Arkaden lässt es sich gut flanieren, das lockt dann auch die Kunden ins Geschäft. Parkplätze sind kein Problem: Man hält einfach direkt vor dem Laden.

Kanzel für den Verkehr

An der Wand prangt die Persil-Werbung, der Blick fällt auf das Kaufhaus Magis. Vorn steht eine Kanzel, von der aus die Verkehrspolizei bei ihrer Arbeit nicht den Überblick verlieren kann. Solche Kanzeln befinden sich am Kröpcke, am Steintor und am Aegi. Von ähnlichen sogenannten Stellwerkskanzeln in Hannover können die Weichen für den Bahnverkehr geregelt werden.

Eine Uhr wie ein Kleeblatt

Vor dem Café Kröpcke steht seit dem 3. Oktober 1955 die dreiblättrige Nachkriegsuhr. Die historische Kröpcke-Uhr war im Oktober 1954 abgerissen worden; erst 1977 kommt ein Nachbau der alten Kröpcke-Uhr wieder an den angestammten Platz. Eine der alten Kleeblattuhren zeigt auch heute noch die Zeit am Steintor an.

Das überdachte Motorrad

Kinder posieren mit ihren Fahrrädern vor einem parkenden Goggomobil in Ledeburg. Autos waren damals noch Mangelware. Niemand hätte seinerzeit gedacht, dass heute ein Auto auf zwei Einwohner kommt. Das Goggomobil durfte man auch mit einem Motorradführerschein Klasse vier fahren.

Die Sesselmanns in der Badeanstalt

Neben dem historischen Hallenbad gleich am Anzeiger-Hochhaus, dem bekannten Goseriedebad, gibt es in Hannover nach dem Krieg auch verschiedene Freibäder, die damals „Badeanstalt" heißen. Im Stöckener Bad nahe dem VW-Werk nimmt auch Familie Sesselmann gern ein erfrischendes Bad – 1959 planscht hier Christa Sesselmann mit ihren beiden Kindern.

12

Ein bisschen Luxus an den Füßen

Guckt da etwa jemand neidisch? Der Blick auf die Füße des Bruders spricht bei Matthias Sesselmann (Bild links) jedenfalls Bände. Der Neid bezieht sich jedoch nicht auf die Rollschuhe, die der andere an den Füßen trägt, auch wenn sie in den Fünfzigern ein bisschen Luxus sind. Nein, es ist wohl mehr ein Bedauern, weil der kleine Bruder so gut laufen kann mit den Dingern … Platz genug zum Rollschuhlaufen und Spielen ist im Jahr 1958 in den frisch gepflasterten Neubausiedlungen, wie hier in Herrenhausen (unten).

Das Traditionskaufhaus

Regen oder Sonnenschein – die Innenstadt zieht die Menschen wieder magisch an mit ihren vielen schönen Läden. Hier ein Blick in die Seilwinderstraße, heute Teil der Fußgängerzone. Mit großen Bannern wirbt das Kaufhaus Sältzer um Kunden im Sommerschlussverkauf des Jahres 1954. Das Traditionskaufhaus gibt es schon seit 1847 in Hannover. Auf dem Dach des repräsentativen Sältzer-Hauses prangte einst eine hell erleuchtete Weltkugel, die bei Bombenangriffen zerstört wurde. Im Hintergrund sieht man das Bekleidungshaus Otto Werner. Das Gebäude steht heute noch, allerdings ohne Turm.

SOMMER
SCHLUSS
VERKAUF
BEI
Sältzer
Block & Bussmann
RRÄDER · MOPEDS
SOMMER SCHLUSS VERKAUF
KÖNIG
Damen
Friseur
Schilder
Buchstaben
HAVEMANN
Dehardi
HÜTE
PELZE
Betten

Weihnachtliche Stimmung

Im beginnenden Wirtschaftswunder lässt man sich nicht lumpen: Das Kaufhaus Magis am Kröpcke spart im Dezember 1957 weder Strom noch Aufwand und wünscht seinen Kunden ein frohes Fest mit dem berühmten riesigen Magisstern, der sich über die gesamte Häuserfront zieht. Schon damals ist auch die gesamte Innenstadt, hier die Große Packhofstraße/Ecke Georgstraße (rechts) weihnachtlich geschmückt: Der Himmel ist mit Sternen zugehängt

MAG

Weber
WEBER
SPRENGEL

„Damals war nicht so viel los, aber das erwartete auch keiner."

Von vererbter Kleidung und seltenen Familienausflügen

Spieglein, Spieglein an der Wand, wer ist die Schönste im ganzen Land ...? Keine Frage, alle drei sind die Schönsten. Hans Sesselmann passte den richtigen Moment ab, um alle Mädchen gleichzeitig von vorn und von hinten aufs Bild zu bekommen. Ein Foto aus dem Jahr 1957.

Kinder brauchen Liebe, Kinder brauchen Rituale, Kinder brauchen Verlässlichkeit. Das ist heute so, das war auch in den Fünfzigern so. Was in den Fünfzigern anders war: Zu den täglichen Ritualen der Kinder gehörte beispielsweise das Schuheputzen. Sie hatten nämlich keine Sneakers, sondern richtige Lederschuhe, die lange halten mussten. Also wurden sie abends gewienert, auch wenn das keine allgemein beliebte Tätigkeit war. Überhaupt die Bekleidung: Kein Kind (es sei denn, es hatte reiche Eltern) besaß eine Hose oder einen Mantel nur für sich. Blusen, Röcke, Hosen, Jacken – wenn sie zu klein wurden, legte man sie beiseite für den nächstkleineren Bruder oder die nächstkleinere Schwester zum „Auftragen“. Ein Wort, das in der heutigen Markenmodewelt gar nicht mehr vorkommt. Bei den Eltern war damals die Anschaffung von kurzen Lederhosen sehr beliebt: Die hielten auch wilde Spiele aus und konnten über ganze Kindergenerationen weitervererbt werden.

Für heutige Kinder ist es fast normal, dass irgendwo in der Stadt immer was los ist. Damals war nicht so viel los, aber die Menschen erwarteten es auch nicht. Es war eine Ausnahme, wenn eine Familie mehr als nur einen Spaziergang in der Woche unternahm.

Zu diesen Ausnahmen zählten Ausflüge nach Herrenhausen, wo die Fontänen sprudelten oder Zoo- und Zirkusbesuche, vielleicht zwei oder drei Mal im Jahr. Jahrzehntelang kamen die großen Zirkusunternehmen regelmäßig nach Hannover und bauten ihre Zelte auf dem Friederikenplatz, dem Schützenplatz oder dem Klagesmarkt

Alles klar zum Abheben? Das Klettergerüst in Flugzeugform im Zoo Hannover zog 1957 nicht nur die Jungen an. Man musste zwar umständlich hineinkraxeln, aber der Lohn für die Kleinen war groß: Man saß dann so hoch, dass man tatsächlich zu fliegen meinte ...

Der Maler Fritz Burger-Mühlfeld, Vertreter der Neuen Sachlichkeit, war Lehrer von Hans Sesselmann. Dem kleinen Matthias machte er bei der ersten Begegnung Angst, weil er immer so ernst dreinsah. Der Mann erwies sich dann aber doch als ganz freundlich. Ein Bild von 1956.

auf. „Loge?", fragten die Damen an der Kasse. Meist winkte das Familienoberhaupt ab. Loge war unerschwinglich.

Im Zoo war es immer atemberaubend für die Kinder, auch wenn es noch kein Event-Zoo war wie heute. Man lief von Gehege zu Gehege, bog um eine Ecke – und stand vor einem Löwen. Ohne Gitter drumherum. Aber keine Angst: Das erschreckend lebendig aussehende Tier war nur ausgestopft. Und die Kleineren durften darauf reiten, mindestens fürs Foto. Wenn sie sich trauten.

Familiäre Großereignisse waren Ostern und Weihnachten. Beim Ostereiersuchen mussten die Eltern mitunter die bereits eingesammelten Eier unbemerkt von den Kindern an anderer Stelle neu auslegen. Auf diese Weise sparte man Geld, trotzdem hatten alle Kinder die Chance, ein paar Eier zu finden. Und niemand verdarb sich den Magen.

Ums Schuheputzen rissen sich die Kinder nur an einem Tag im Jahr: dem Vorabend des 6. Dezember, wenn der Nikolaus kommen sollte. War das vergangene Jahr ohne schwerwiegende Verstöße verlaufen, erwartete die Kinder anderntags ein gut gefüllter Schuh. Sonst gab es Rute und Kohlen, und die bekam manch ein Lausbube, denn die Kuschelpädagogik war noch nicht erfunden. Und Kohlen waren wegen der noch üblichen Kohleheizung nicht schwer zu beschaffen.

Einmal hatte es eines der Sesselmann-Kinder gewagt, sein Taschengeld ohne Erlaubnis der Eltern für neue Ritterfiguren auszugeben. Ein seinerzeit undenkbares Verhalten, wurde man doch zur eigenverantwortlichen Sparsamkeit erzogen. Prompt fanden sich Rute und Kohlen plus Abmahngedicht im Schuh: „Man darf nicht in die Geschäfte laufen und sich die Ritter selber kaufen ..."

Wenn es in der Vorweihnachtszeit schneite, stand Schneemannbauen auf dem Programm. Der kleine Matthias fragte seinen Vater eines Tages, warum Schneemänner eigentlich keine richtigen Beine hätten. Der Vater besann sich nicht lange und sorgte dafür, dass der Schneemann bald aussah wie andere Männer auch: mit beiden Beinen im Leben stehend. Vater Sesselmann hatte mit einem Spaten einfach die untere Schneemannkugel ausgestochen.

War dann endlich Heiligabend, kündigten Gepolter und dumpfes Klopfen an der Wohnungstür den Weihnachtsmann an. Kleine Jungs wie Matthias erschreckte das natürlich, auch wenn es nach ein, zwei Erfahrungen dieser Art nur noch ein wohliger Schrecken war. Irgendwann fiel dem Jungen sogar auf, dass sein Onkel Willi regelmäßig die Bescherung verpasste. Auf die Nachfrage: „Wer ist eigentlich der Weihnachtsmann?" sorgte die Mutter für protestantische Aufklärung: „Onkel Willi!"

Im Alter von vier Jahren musste Klein-Matthias aber noch mal einen gehörigen Schrecken verkraften. Es klingelte, Matthias Sesselmann lief vorwitzig als Erster zur Tür – und schaute in das düstere Gesicht eines unheimlichen Fremden mit knochigen Zügen. Und das war unter Garantie nicht Onkel Willi. Es war Fritz Burger-Mühlfeld, der berühmte hannoversche Maler und ehemalige Lehrer von Hans Sesselmann. Der Professor

kam, um Farbdias von seinem Gesamtwerk abzuholen, die Hans Sesselmann für einen geplanten Katalog aufgenommen hatte.

Matthias nahm Reißaus und versteckte sich hinter dem Wohnzimmerschrank. Sehr zu seinem Schrecken ließ der Vater den monströsen Fremden in die Wohnung. Dünnemachen galt nicht für Hans Sesselmann, und so zerrte er seinen Sohn hinter dem Schrank hervor. Alles lachte, Matthias gab dem Gast ängstlich die Hand – und stellte erleichtert fest, dass der Fremde eigentlich ganz freundlich war.

Haste Flötentöne?

Ein Musikinstrument zu spielen, gehört zur guten Erziehung. Aber muss es denn immer nur Blockflöte sein? Auf wenig begeisterte Jungen wird dabei keine Rücksicht genommen. Und zu Weihnachten müssen die erlernten Lieder auch noch im Familienkreis vorgetragen werden. Immerhin: Falsche Töne werden verziehen. Das Bild stammt aus dem Jahr 1953.

Der Onkel hinter der Maske

Auch wenn er eine Maske und einen weißen Bart trägt, irgendwie kenne ich den doch …? Der kleine Matthias lässt sich bei der weihnachtlichen Bescherung nicht täuschen und erkennt schnell, dass sein Onkel Willi dahinter steckt.

Warst du auch brav?

Schuheputzen für den Nikolaus: Das ganze Jahr über ist diese tägliche Arbeit unbeliebt, aber am 5. Dezember wird abends mit Herzblut gewienert und poliert. Ein Garant für süße Geschenke ist das trotzdem nicht: Wer sich im Sinne der Erwachsenen nicht gut betragen hat, bekommt zur Strafe echte Kohlen und eine Rute.

Der zweibeinige Schneemann

Viel Schnee gibt es im Winter 1956. Sofort muss Papa mit raus und einen Schneemann bauen. „Aber der hat ja gar keine Beine", stellt der Sohn sofort fest. Für Papa kein Problem: Die untere Schneemannkugel wird abends bei einsetzendem Frost mit Wasser übergossen. Am nächsten Morgen ist sie dann so stabil, dass der Vater mit einem Spaten die Mitte ausstechen kann – nun steht der Schneemann auf zwei Beinen, und der Sohn ist glücklich.

Doppelt hält zu Ostern besser

Komisch, dass immer neue Ostereier auf dem Boden liegen, der Korb aber gar nicht voll wird, wundert sich das kleine Mädchen. Die Lösung ist dabei einfach: Die ökonomisch denkenden Eltern verstecken 1959 die bereits gefundenen Ostereier einfach noch einmal neu. So dauert der Spaziergang schön lange, und jeder findet etwas.

Wenn der König mal schlappmacht

Der kleine Regisseur ist voll im Bilde: Stundenlang kann er sich mit dem wunderbaren Kasperletheater beschäftigen – Mutter Sesselmann hat in den Fünfzigerjahren aus einem Ofenblech und einem alten Vorhang ein kleines Theater für die Handpuppen gebaut. Hier geht das Publikum gebannt mit, auch wenn der König mal wieder schlappmacht.

SCHWABE
Der neue Schnitt

Schnittiges auf Papier

Für Mode interessiert sich schon 1958 jede Frau, und ist sie noch so jung. Röcke, Blusen und hübsche Kleider werden damals gern nach Schnittmustervorlagen aus speziellen Zeitschriften selbst genäht. Mit dem sogenannten Kopierrädchen werden die Schnittmusterpläne abgefahren, um die Abmessungen auf den Stoff zu übertragen. Für Laien sind die gestrichelten und gepunkteten Linien undurchschaubar. Aber das sind dann meist die Männer.

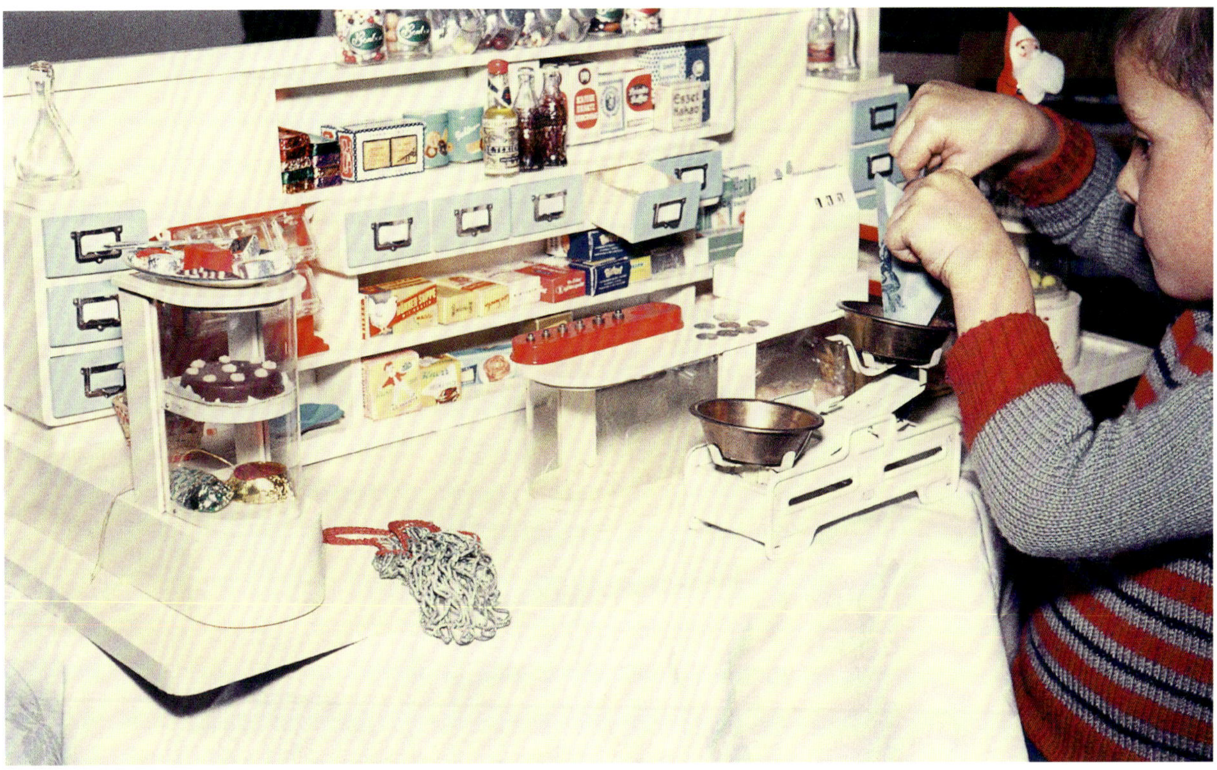

Was hätten Sie denn gern?

Von wegen Konsumterror: Einkaufen und Verkaufen spielen ist im Jahr 1957 besonders für die Mädchen ein großer Spaß. Keine Frage, dass der Kaufmannsladen dafür gut bestückt sein muss. Jungs sieht man aber nicht so gern als „Kunden". Sie essen immer den Puffreis auf, der in den kleinen Pappkistchen steckt.

Der Löwe ist los

Keine Angst vor großen Tieren: Im hannoverschen Zoo gibt es 1956 einen Löwen, der ohne Gitter und Mauern auskommt. Mit stolzer Brust und wilder Mähne steht er da und rührt sich nicht. Das kann er auch gar nicht, weil er ausgestopft ist. Für Vater Sesselmann und die Familie ein tolles Fotomotiv: gut gebrüllt, Löwe!

In der Lore auf große Fahrt

Familienausflüge sind in den Fünfzigerjahren kein Alltagsereignis. Umso mehr freuen sich die Kinder, wenn es dann doch mal aufs Land geht. Eine Fahrt in einer echten Lore, wie hier 1957, ist ein richtiges Abenteuer für die Kleinen. Aber wehe, wenn die Lore kippt.

„Zwei Schlösschen verschwinden völlig ohne Sinn."

Rund um die Oper, rund um die Laube

Der Umbau des Georgsplatzes wurde 1956 abgeschlossen. Später trafen sich auf dem so idyllisch und ruhig wirkenden Platz die sogenannten Gammler, eine Generation, zu der auch Matthias Sesselmann gehörte. Das Foto entstand 1958.

Schön schräg: Das erweiterte Kestner-Museum kurz vor der Fertigstellung. Hans Sesselmann machte das Foto mit der ungewöhnlichen Perspektive vom Rathausturm. Der Kestner-Neubau, der um das alte Haus herum entstand, wurde 1961 eingeweiht.

Hans Sesselmann und sein Sohn waren wieder einmal in der Stadt unterwegs. Die imposante Oper hatte Vater Sesselmann mehrfach fotografiert. Das spätklassizistische hannoversche Gebäude, zwischen 1845 und 1852 von Oberhofbaudirektor Georg Ludwig Friedrich Laves und Christian Heinrich Tramm gebaut, wurde 1943 vollständig ausgebombt. Der Wiederaufbau wurde seit 1947 durch den Ausschuss für den Kulturstättenaufbau gefördert. Dazu kamen Anfang 1950 zwei sehr erfolgreiche Tombolen. Schon 1950 konnte das von den Hamburger Architekten Werner Kallmorgen und Klaus Hoffmann neu errichtete Haus wieder eröffnet werden. Die Rampe, über die man sich mit der Kutsche vorfahren lassen konnte, verschwand später. 1961 wurde die zweigeschossige Tiefgarage in Betrieb genommen.

1950 wurde der Aegidientorplatz vergrößert und der neuen Verkehrsführung angepasst. Das neue Theater am Aegi sollte 1964 vollständig ausbrennen – es konnte erst Ende 1966 wieder in Betrieb genommen werden.

1956 wurde der Umbau des Georgplatzes zum Architekturplatz mit Sitzgruppen abgeschlossen. Elf Jahre später, im Sommer 1967, freuten sich besonders die damals so genannten Gammler, eine Art Vorläuferbewegung der Hippies, über die Sitzgruppen. Sie nannten den Platz liebevoll „Georgie" (sprich: „Dschordschi") – und unter ihnen war auch ein gewisser Matthias Sesselmann.

Hannovers erstes Nachkriegshochhaus, erbaut von den Architekten Ernst Zinsser und Werner Dierschke, wurde 1953 als Hauptverwaltung der Continental AG eingeweiht. Das Contihochhaus, damals das höchste Hochhaus Deutschlands, beherbergt heute Teile der Universität. Das erweiterte Kestner-Museum fotografierte Hans Sesselmann kurz vor der Fertigstellung vom Rathausturm aus.

Auch die Leine-Promenade am Hohen Ufer, Rademachertreppe genannt, nahm Gestalt an. Am Ende des Mittelalters standen an der hannoverschen Stadtmauer 35 Wehrtürme. Der Beginenturm, der letzte komplett erhaltene Wehrturm, erhielt seinen Namen nach dem Frauenorden der Beginen. Das daneben stehende herzogliche Zeughaus war im Krieg zerstört worden. Später wurde das Historische Museum nach Plänen von Dieter Oesterlen unter Einbeziehung der historischen Mauerfassade neben dem Beginenturm errichtet. An der Pferdeschwemme entstand 1957 die Plastik „Mann mit Pferd" von Professor Hermann Scheuernstuhl.

Neben dem Leineschloss, direkt über der Leine, entdeckte Matthias Sesselmann etwas, das er für ein wunderbares Schlösschen hielt. „Das ist nur die Flusswasserkunst", sagte der Vater. „Nur?", fragte der Sohn zurück. Für ihn war es ein wirkliches Schloss. Mit großem Erstaunen musste er dann Ende 1963 zur Kenntnis nehmen, dass dieses schöne Gebäude abgerissen wurde. Stadtbaurat Hillebrecht erklärte später selber, dass dies ein Fehler gewesen sei. 1966 verschwand auch noch das Friederikenschlösschen von Laves – völlig ohne Sinn, denn der Friederikenplatz blieb leer. Die dort anfangs geplante neue Staatskanzlei erhielt ihr Domizil in der Planck-Straße, wo

sie in ein Haus aus den dreißiger Jahren zog. Noch etliche historische Gebäude wurden später abgerissen, etwa die „Tränenburg" genannte Villa Willmer auf dem Rittergut Waldhausen.

Solche harten Eingriffe waren daheim im Stadtteil Ledeburg nicht zu erwarten. Hier wurde aufgebaut, und zwischendurch gab es zünftige Laubenkolonieumzüge und Gartenfeste, um den Wiederaufbau zu feiern.

Legendär waren damals die Seifenkistenrennen am Lindener Berg. Es gab noch keine Kettcars zu kaufen, man musste die kleinen Kisten selber bauen. Meist diente ein altes Kinderwagenfahrgestell als Grundlage. Die Seifenkiste von Matthias Sesselmann war ein echtes Prachtstück: Sie verfügte über funktionierende Scheinwerfer (Glühbirnen, von Batterien gespeist, in Caro-Kaffee-Gläsern), dazu Rückstrahler und Rückspiegel. Das Lenkrad stammte von einem ausrangierten britischen Jeep. Vater Hans Sesselmann sprach aber vorsichtshalber neutral von einem verschrotteten „englischen Lieferwagen". Man wollte ja keinen Unmut wegen der Verwendung von ehemals feindlichem Gerät auslösen.

Ein Bollerwagen ist was Feines: Man sitzt schön gemütlich in dem kleinen Holzwägelchen und lässt sich von Mama oder Papa ziehen. In den Fünfzigern gab es kaum einen Haushalt, der keinen Bollerwagen hatte. Der Wagen war damals für die Familien das, was heute ein Fahrradanhänger bedeutet.

Schöner alter Prachtbau

Das ehemalige Reichsbankgebäude in Hannover, ein Neorenaissance-Bau aus dem Jahr 1895, am Georgsplatz. Die Aufnahme entsteht im Jahr 1953, noch vor dem Umbau des Platzes.

Der neue Innenstadtring

Der 1955 vergrößerte Aegidientorplatz ist nun Teil des Innenstadtrings, nur die Autos fehlen noch. Das Theater am Aegi wird 1953 eröffnet, brennt aber im Jahr 1964 aus – es kann erst Ende 1966 wieder den Betrieb aufnehmen.

Die neue alte Oper

Die Oper, 1943 im Krieg ausgebombt, strahlt in neuer Pracht: Das Haus wird mit Spenden von den Hannoveranern wieder aufgebaut. Zwei Tombolas bringen dafür viel Geld ein. Schon 1950 wird die Oper mit einer Aufführung des „Rosenkavaliers“ von Richard Strauss wieder eröffnet. Das Bild stammt aus dem Jahr 1954.

Das erste neue Hochhaus

Im Conti-Hochhaus, Hannovers erstem Nachkriegshochhaus, sitzt die Hauptverwaltung der Continental AG. Das Hochaus wird 1953 mit einem großen Autokorso feierlich eingeweiht. Unser Bild stammt aus dem Jahr 1958. Heute gehört das Gebäude zur Leibniz Universität.

Schloss und Schlösschen

Ein Blick vom Rathaus in Richtung Leineschloss. Die Flusswasserkunst ist noch nicht abgerissen. Gebaut wurde das schlossartige Gebäude von Hubert Stier, von dem auch der Hauptbahnhof stammt. Vorn ist noch das Dach des Kestner-Museums zu sehen – und ganz viel Grün in der Stadt.

Viele bunte Luftballons

Ausgiebig werden in den hannoverschen Laubenkolonien Gartenfeste gefeiert. Schuh-Neumann, das es heute noch in Hannovers Innenstadt gibt, hat 1957 die bunten Luftballons gestiftet, die Herrenhäuser Brauerei die Papierschirmmützen, die heiß begehrt sind.

Marienkäfer, flieg

Fröhlicher Faschingsumzug in der Gartenkolonie im Jahr 1957. Für die beiden niedlichen Marienkäfer braucht man kaum mehr als einen roten Umhang und ein paar aufgeklebte Punkte aus Pappe oder Filz – keine Frage, dass Mutter das mit links erledigt und die Kleinen viel bewundert werden.

Platz da für den kleinen Kling!

Das Vorbild aller kleinen Rennfahrer ist 1959 Karl Kling, der Schumi der Fünfzigerjahre. Geübt für den großen Auftritt wird beim Seifenkistenrennen. Der Wagen ist ein Cabrio, der Sitz mit Mutters Wolldecke gut gepolstert, der Blick des Fahrers vor dem Start konzentriert gesenkt. Die Seifenkistenrennen in Hannover, vor allem die am Lindener Berg, sind legendär.

Die tollen rollenden Kisten

Die Seifenkiste ist der Stolz eines jeden Jungen. Matthias Sesselmann hat 1958 sogar eine mit Scheinwerfern, Rücklichtern und Rückspiegel. Und mit einem echten Jeep-Lenkrad. Wenn Mutti hinten etwas schiebt, geht es auch schon ganz ordentlich voran.

Wasser marsch, Hauptsache, schön kalt!

Ordentlich pumpen, dann wird das Fass auch voll, und man kann endlich ein wunderbar kühlendes Bad nehmen. In den Laubenkolonien setzt man noch nicht auf fließend Wasser, sondern auf reine Muskelkraft. Ein Prinzip, das 1957 schon die Kleinsten beherrschen.

Bin ich immer noch nicht sauber?

Raum ist auch im kleinsten Bottich. Der kleine Bruder passt im Jahr 1959 problemlos in den großen Kochwäschetopf, den die Mutter aussortiert hat. Wer braucht da schon ein Spaßbad?

Klein, aber mobil

Jungs spielen nicht mit Mädchen, jedenfalls nicht in diesem Alter. Sie spielen mit Modellautos. Und da will man im Jahr 1957 lieber unter sich sein. Man beachte: Sogar die Sitzgelegenheiten haben dabei Räder. So kann man bequem mit der fahrenden Bank umziehen, wenn man doch mal ein Mädchen besuchen will.

Rademachertreppe und ein Pferd

Die mit fein gegliedertem Pflaster neu gestaltete untere Leine-Promenade, Rademachertreppe genannt, am Hohen Ufer. Im Hintergrund rechts wartet noch ein übrig gebliebenes Gebäude der Leine-Insel auf den Abriss (unten links). Am Leine-Ufer steht seit 1957 die Plastik „Mann mit Pferd" von Hermann Scheuernstuhl (rechts). Die Fassade des im Krieg zerstörten herzoglichen Zeughauses wird später in das Historische Museum neben dem Beginenturm mit einbezogen.

Das kleine und das große Schloss

Es ist ein wunderschöner Anblick: das Leineschloss mit der Flusswasserkunst, 1958 fotografiert. Damals werden gerade die Restaurierungsarbeiten an der Rückseite des Leineschlosses ausgeführt (links).

Die Flusswasserkunst von vorn – die Bagger scheinen ihr schon 1958 bedrohlich nah zu kommen (oben). 1964 wird das „kleine Schloss" schließlich abgerissen – zum Bedauern vieler Hannoveraner.

Vom Königshaus zum Ministerium

Der Bürgersteig ist aufgerissen, es wird mal wieder gebaut in Hannover, hier im Jahr 1958. Der Friedrichswall wird in Höhe Wangenheimpalais neu gestaltet. Das von Hofbaumeister Georg Friedrich Laves erbaute Palais, in dem Mitte des 18. Jahrhunderts König Georg V. residiert hatte, ist im Krieg schwer beschädigt worden. Das ausgebrannte Gebäude wird wieder aufgebaut und zwischenzeitlich sogar als „Neues Rathaus" genutzt, bis der Neubau gegenüber fertig ist. Seit 1957 hat hier das Niedersächsische Wirtschaftsministerium seinen Sitz.

„Je weniger Spielsachen es gab, umso kreativer waren die Spiele."

Marktkirche, Mau-Mau und Murmelspiele

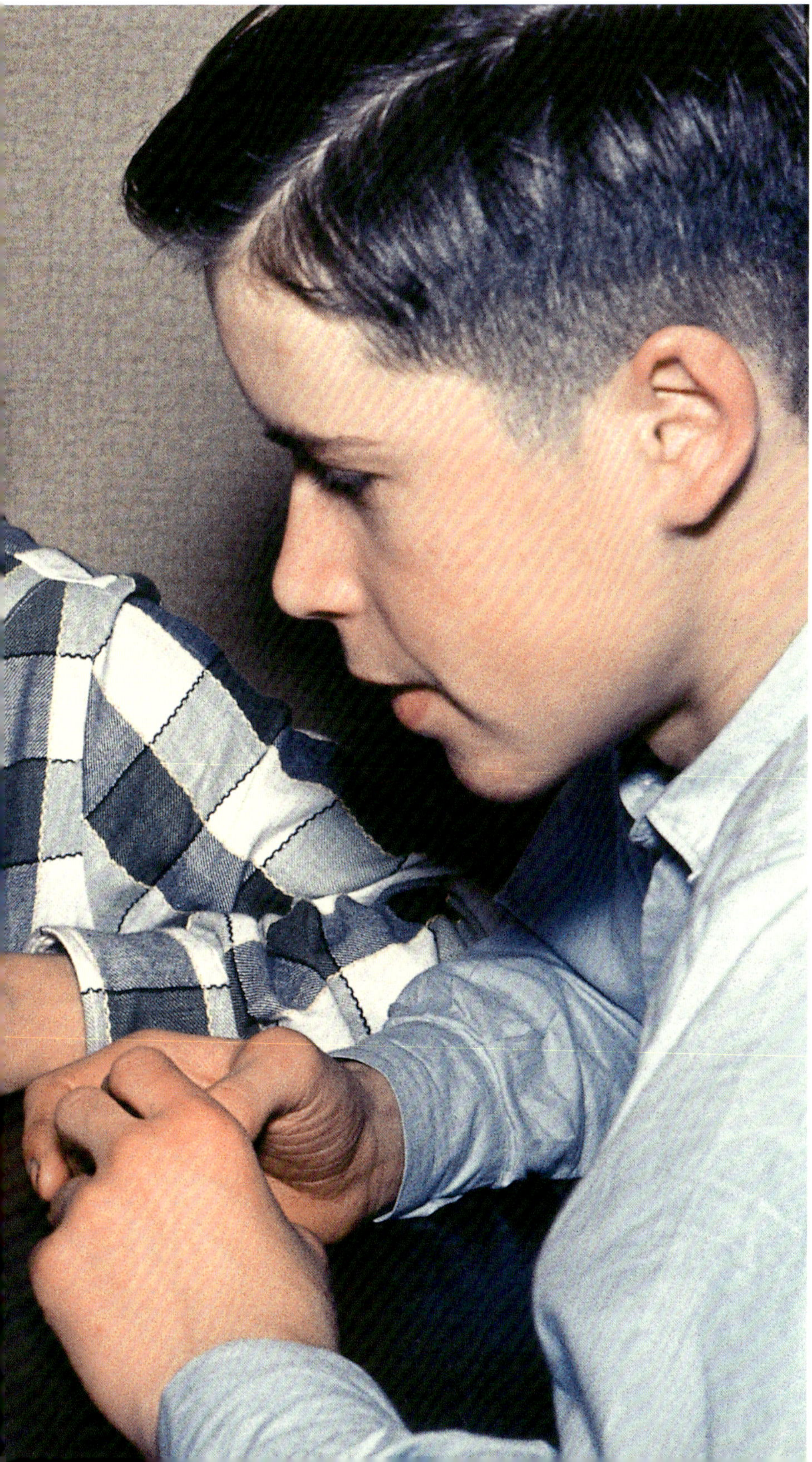

Das Spiel „Fang den Hut“ wurde bereits 1927 erfunden. Wenn das Spiel bei Familie Sesselmann 1957 auf den Tisch kam, waren alle mit höchster Konzentration dabei – denn jeder wollte möglichst viele der kleinen Hütchen fangen, um schließlich mit dem höchsten aller Türme ins Ziel zu kommen.

Hans Sesselmann hat die Marktkirche viele Male fotografiert. Die im 14. Jahrhundert im Stil der norddeutschen Backsteingotik errichtete Kirche war im Krieg schwer beschädigt worden. Sie wurde aber schon 1952 wieder hergestellt. Besucher der Kirche fragen sich gelegentlich, was Pentagramm und Hexagramm am Kirchturm bedeuten mögen. Hans Sesselmann wusste das noch: Das regelmäßige Sternfünfeck auf der Ostseite galt zur Zeit der Zünfte als Christussymbol. Es sollte den fünf Wundmalen Christi entsprechen. Die Davidsterne auf der Nord- und Südseite sind dort als Sinnbild des Alten Testaments angebracht, sie sollen Gottes Verbundenheit mit dem Menschen ausdrücken.

Einmal gelang Sesselmann senior eine ganz besondere Perspektive der Marktkirche, die bewies, dass die Neue Sachlichkeit auch humorvoll sein durfte. Der Fotograf schoss das Bild von der Grupenstraße aus, im Vordergrund die Plastik „Spielende Kinder" des bedeutenden hannoverschen Bildhauers Kurt Lehmann, im Hintergrund steht groß und wuchtig die Marktkirche. Und ganz am Rand, rechts, hatte Hans Sesselmann eine Spielerei eingebaut: Da weist oben an der Hausfassade ein Schriftzug auf das Pelzhaus Prigge hin, mit einem langen, leuchtenden Pfeil nach unten. Und dieser Pfeil landet ziemlich genau auf der Nase von einem der Lehmann-Kinder aus Bronze.

Man kann also mit Fug und Recht sagen, dass Hans Sesselmann mitunter auch etwas Verspieltes an sich hatte. Wie sein Sohn Matthias – damals noch ein kleiner Steppke.

Gespielt wurde meist draußen. Nicht nur, weil das mehr Spaß machte: Die neu entstandenen Wohnblocks der Wohnungsgenossenschaften waren oft rasch hochgezogen worden und stellten sich als sehr hellhörig heraus. Machten die Kinder Krach, hagelte es Ermahnungen wegen der immer empfindlichen Nachbarn. Also verzogen sich die Jüngsten nach Möglichkeit ins Freie.

Ein Hit war damals Murmeln. Die Jungen trugen ihre Schätze in der Hosentasche herum und setzten nicht selten alles, was sie hatten, aufs Spiel. Manchmal wurden Murmeln auch getauscht. Die Mädchen ließen sich von ihren Müttern kleine Murmelbeutel nähen, in denen sie ihre Schätze aufhoben.

Je weniger Spielsachen zur Verfügung standen, umso kreativer waren die Spiele. „Verstecken" wurde mit ein paar Federn und alten Hüten zum Cowboy- und Indianerspiel erweitert. Wäscheleinen und Wäsche-

Die Hannoveraner lieben ihre Marktkirche. Der rote Klinkerbau in der Altstadt ist auch für Touristen ein Anziehungspunkt. Die im 14. Jahrhundert errichtete Kirche war im Krieg schwer beschädigt worden, wurde aber schon 1952 wieder hergestellt. Hans Sesselmann fotografierte sie 1954.

Ernte

leinenpfähle taten dann gute Dienste bei Marterpfahlritualen.

Ein ausrangiertes britisches Feldlazarett-Bett wurde von Matthias Sesselmann und seinen Spielkameraden zum Schiff umdekoriert, mithilfe von ein paar alten Decken bekam es Segel und Kajüte. Proviant für den Törn besorgten sich die Kinder im Laubengarten: Karotten, Johannisbeeren und Äpfel.

Nur manchmal wurde echtes Geld ausgegeben, nämlich im Sommer. Eine wichtige Institution im Stadtteil war der Kiosk mit eigener Speiseeis-Herstellung. Die Kugel kostete zehn Pfennige. Bei gutem Wetter hisste der Kiosk die Eisfahne, und bald bildeten sich lange Schlangen davor. Wer keine zehn Pfennig hatte, musste sich mit den billigeren Brausewürfeln zufrieden geben.

Bei schlechtem Wetter traf man sich zu diversen Gesellschaftsspielen. Besonders beliebt: „Mensch ärgere dich nicht" (das aber mindestens einmal in fünf Jahren von einem Mitspieler vor Wut in der Mitte durchgerissen wurde), „Fang den Hut" und das beliebte Kinderspiel „Mau-Mau".

Große Familienfeste fanden gezwungenermaßen oft auf engstem Raum statt – die Wohnzimmer waren seinerzeit oft nicht einmal 20 Quadratmeter groß. Die Kinder saßen dann in der Küche oder am „Katzentisch" – mit improvisierten Sitzgelegenheiten wie Fußbank oder Blumentisch. Wurden die Kinder älter, die Wohnung aber nicht größer, blieb diese Sitzordnung bestehen, auch wenn irgendwann das älteste Kind am Katzentisch schon fünfzig war.

Die Enge brachte ein Problem mit sich: Wollte jemand ganz hinten in der Mitte aufstehen, musste der halbe Raum mit aufstehen und erst einmal das Wohnzimmer verlassen, um Platz zu schaffen. Doch auch das tat der Feierlaune keinen Abbruch.

Das Lebensmittelangebot war im Vergleich zu heute mager. Aber wie das so ist: Alle, die das miterlebt haben, sagen, es schmeck-

Das lustige Kartenspiel Mau-Mau. Wenn gefeiert wurde, kamen die Karten schnell auf den Tisch. Der Onkel setzte sich dafür sogar an den „Katzentisch" der Kinder, die immer in die Küche ausquartiert wurden. Aber woran lag es bloß, dass der Onkel auch immer gewann?

Wenn sich bei den Sesselmanns die Familie zu Geburtstagen oder Festen traf, mussten alle zusammenrücken. Im kleinen Wohnzimmer wurden Tische und Stühle zusammengestellt, damit alle Platz fanden. Einziges Problem: Wehe, wenn jemand von ganz hinten raus wollte.

te damals besser. Korb- und Gersterbrot stammten noch von richtigen Bäckern, keinen Backautomaten, Salami und Schinkenspeck wurden noch stilecht geräuchert. Die Salate wurden selbst gemacht. Das Rezept der Sesselmann-Großtante Guste für Matjessalat blieb unerreicht und wurde von Generation zu Generation weitergegeben. Auch konnte niemand so schnell abwaschen wie Tante Guste: Zum Abtrocknen mussten zwei Personen abgestellt werden und waren voll beschäftigt. Spülmaschine? Davon träumte man noch nicht mal.

Zu den großen Festen steuerte der Besuch übrigens nicht nur Salate und andere Lebensmittel bei. In den ersten Jahren nach dem Krieg gehörten auch Kohlen und Briketts zu den beliebtesten Mitbringseln. Man wollte die Bude ja warm haben.

RHEINISCHE HYPOTHEKENBANK
Pri
Pel

Man achte auf den Pfeil

In der Grupenstraße steht die Plastik „Spielende Kinder“ von Bildhauer Kurt Lehmann. Über allem thront im Hintergrund die Marktkirche. Ein Bild, in dem Fotograf Hans Sesselmann im Jahr 1954 nicht nur eine ungewöhnliche Perspektive einfängt; man beachte rechts am Haus den Pfeil der Pelzhaus-Reklame – er reicht genau bis zum Hals des bronzenen Kindes.

Großer Häuptling Schmollmund

Der kleine Bruder als Großer Häuptling Kleiner Schmollmund. In seinen Händen ein Symbol für die Wiederbewaffnung, die in den Fünfzigerjahren heiß diskutiert wird. Eigentlich will der Vater ihm unter keinen Umständen einen Spielzeugrevolver kaufen. Doch als ein Klassenkamerad in der Schule voller Mitleid erzählt: „Der darf nicht …“ hat der Vater ein Einsehen. Nach dem Spiel wird die Waffe aber gleich wieder einkassiert.

Wer ist am nächsten dran?

Selbst wenn es sonst nichts gibt – Murmeln gibt es immer. Auch nach dem Krieg. Vor dem Haus ist ein ebenes Stück Erde, auf dem man wunderbar mit den kleinen bunten Kugeln spielen kann. Da dürfen auch die Mädchen mitmachen. Wer gewinnt, bekommt zum Lohn eine Kugel von den Verlierern. Die Mädchen haben für ihre Murmeln kleine Leinensäckchen, die die Mutter genäht hat. Die brauchen sie auch, weil sie immer gewinnen …

Fertig zum Ablegen!

Zum Spielen braucht man 1959 bloß ein bisschen Fantasie. Ein Schiff, das im Garten herumschippern soll? Kein Problem: Man nehme ein altes britisches Feldbett und ein paar von Mutters Decken – fertig ist das Segelschiff. Und es hat sogar ein Ruder. Schade nur, dass der richtige Wind fehlt, so lässt man sich halt ein bisschen treiben. Wenn man keine Lust mehr hat, wird kurzerhand zu Pfeil und Bogen gegriffen, und aus dem kleinen Seemann wird der berühmte Robin Hood.

„Der Flughafen war zu jener Zeit noch sehr überschaubar.“

Der Duft der großen weiten Welt

Der Flughafen Hannover-Langenhagen, 1952 eröffnet, war in den ersten Jahren noch sehr überschaubar. Auf dem Rollfeld stand meist nur eine Maschine zur Abfertigung. Das Empfangsgebäude im Hintergrund war ein ehemaliger Hangar.

Hier wehte in Hannover der Duft der großen weiten Welt: Am Flughafen (über den man in die Welt hinauskommen konnte) und bei der Hannover-Messe (bei der die Welt in die Stadt kam).

Der Flughafen Hannover-Langenhagen hatte seine Wurzeln in dem bis 1945 militärisch genutzten Fliegerhorst Evershorst. Hannover hatte zwar auch einen zivilen Flughafen auf der Vahrenwalder Heide. Aber den konnte man nicht erweitern. Im November 1951 wurde mit dem Bau in Langenhagen begonnen. Nach fünf Monaten war die erste Start- und Landebahn fertig, im April 1952 feierte man Eröffnung. Die ersten Fluggesellschaften, die Langenhagen ansteuerten, kamen aus England, Amerika und Skandinavien, Air France, die niederländische KLM und die Lufthansa folgten bald. Übrigens starteten die ersten Touristenflieger nach Mallorca hier schon 1956.

Auch die Messe hat einen Bezug zum Luftverkehr. Da, wo sich heute das größte Messegelände der Welt befindet, saß früher mit den Leichtmetallwerken Hannover eine Flugzeugwerft. Nach dem Krieg suchte die britische Militärregierung einen Platz für eine Handelsmesse. So kam es, dass in Hannover die „Exportmesse 1947" veranstaltet wurde, die später in die Hannover-Messe Industrie überging. Hannover war damit Messestandort.

Wenn Vater und Sohn Sesselmann zum Flughafen aufbrachen, war Matthias immer besonders begeistert. Das Warmlaufen der Motoren, Start, Landung und Abfertigung der Verkehrsmaschinen – alles beobachtete er mit größtem Interesse. Die Fliegerei war für ihn schon damals so faszinierend, dass er sich bis heute mit historischen Flugzeugen befasst.

Der Flughafen war zu jener Zeit noch sehr überschaubar. Hans Sesselmann stand mit diversen Fotoapparaten an der Glastür zum Flugfeld. Ob man da wohl raus durfte? Ein Elektrokarren mit Fluggepäck näherte sich. „Woll'n Sie mit? Steigen Sie auf", rief der Fahrer dem Fotografen zu. Ungehindert konnte Sesselmann senior auf dem Flugfeld alle Flugzeugtypen ablichten. Sicherheitscheck, Flugfeldkontrolle – das waren Begriffe, die erst später auftauchten.

Bis 1958 landeten in Hannover hauptsächlich Flugzeuge wie die amerikanischen Douglas DC-3 (der berühmte „Rosinenbomber") und DC-4, Convair 240 bis 440 und Vickers Viking. Später kamen Maschinen vom Typ Lockheed Super Constellation und Douglas DC-6 sowie DC-7 dazu. 1958 tauchte in Hannover erstmals die Turboprop-Maschine Vickers Viscount auf. Diese Propellerflugzeuge konnten einen ohrenbetäubenden Lärm entwickeln.

Die Hannover-Messe startete am 18. August 1947 auf Druck der britischen Militärregierung. Damals trug sie noch den Namen „Exportmesse". Die Luftaufnahme von Hans Sesselmann entstand 1957 und zeigt das damals noch sehr überschaubare Gelände.

DEMAG
MEILLER
durch
Qualität
KEMNA
MEILLER-FRONT-LADER
Frisch
KEMNA
BÖGER
ARTAN

Die Hannover-Messe war unter Kindern und ganz besonders unter Jungen wegen der unglaublichen Technik, die man dort bestaunen konnte, sehr beliebt. Aber es gab ein kleines Problem: Aus versicherungstechnischen Gründen ließ die Messe nur Kinder aufs Gelände, die mindestens zwölf Jahre alt waren.

Vater Sesselmann, der 1958 beruflich auf der Messe zu tun hatte – Matthias war damals erst knapp fünf –, hatte eine Idee: Er nahm den Jungen mit zu einem der Nebeneingänge. In einem günstigen Moment, als das Wachpersonal gerade durch Fragen von Messebesuchern abgelenkt wurde, schleuste er den Sohn unter seinem Mantel mit auf das Gelände.

Die Begeisterung des Kleinen war groß. Es gab keine Baumaschine und keine Lok, die er nicht bestiegen hätte. „Nicht in die Kamera winken, das fällt auf", mahnte ihn der Vater.

Später, Matthias war schon Bismarckschüler, scheiterte der Besuch der Messe meist am Eintrittsgeld. Doch auch da gab es Mittel und Wege. Generationen von Schülern stiegen auf der Westseite des Geländes über den Zaun. Dabeisein war einfach alles.

Vom Flughafencafé aus – hier eine Aufnahme von 1956 – konnte man die alten und neuen Flugzeuge bewundern, die in Hannover-Langenhagen landeten und starteten. Und man durfte sich bei Kaffee und Kuchen ein bisschen im Glanz der großen weiten Welt wähnen. Um selbst einmal wegzufliegen, fehlte leider das Kleingeld.

Der fliegende Holländer

Eine zweimotorige KLM-Convair CV 240, aufgenommen 1955 auf dem Flughafen Hannover. Damals muss man noch mit Leitern auf die Tragflächen klettern, um nachzuprüfen, ob alles in Ordnung ist.

Auf dem Rollfeld

Die Sicherheitsbestimmungen halten sich in den fünfziger Jahren am Flughafen Hannover noch in Grenzen: Als Hans Sesselmann mit seiner Kameraausrüstung an der Tür zum Rollfeld steht, wird er sogleich freundlich durchgelassen. Und obwohl er doch nur eine ganz normale Privatperson ist, darf er nach Herzenslust fotografieren und sich frei auf dem Gelände bewegen. Platz genug ist ja.

Die geglückte Notlandung

„Hast du das auch gesehen?“ Alle Kinder laufen an einem Sommertag im Jahr 1954 aufgeregt zusammen: Ein Segelflugzeug ist an der Schulenburger Landstraße Nähe Vinnhorster Kirche notgelandet. Zum Glück läuft alles glimpflich ab.

Nicht aufstehen!

Ab 1955 darf die Lufthansa mit alliierter Genehmigung wieder fliegen. Zu Beginn werden drei gebrauchte Maschinen des Typs Douglas DC 3/C 47 eingesetzt. Der kleine Matthias Sesselmann hält sich trotz seiner Begeisterung an die emaillierte Ermahnung „Nicht aufstehen! Sichtbehinderung“ und bleibt brav sitzen.

Kleiner Mann, großer Reifen

Einmal die riesengroßen Baggerreifen auf der Messe sehen, das ist der sehnlichste Wunsch von Matthias Sesselmann. Der Vater kann das verstehen, aber Kinder, die noch keine zwölf sind, dürfen im Jahr 1958 nicht aufs Messegelände. Doch Papa hat eine Idee: Er schmuggelt den Sohn einfach unter seinem Mantel mit hinein. Dass das gut geklappt hat, zeigen die Fotos.

Nicht winken!

Keine Lok, die der kleine Matthias 1958 auf der Messe nicht besteigt. Und weil der Kleine neben Zug und Bagger so groß rauskommt, muss der Papa jedes Mal ein Foto machen. „Nicht in die Kamera winken“, mahnt Vater Sesselmann ihn immer wieder. Sonst wäre doch noch aufgefallen, dass der Sohn viel zu jung zum Messebesuch ist.

„Für die Baubranche war die Nachkriegszeit ein Traum.“

Der Bau-Boom und das farbige Leben

Das VW-Werk in Stöcken im Jahr 1957. Erst ein Jahr zuvor lief hier der erste VW-Transporter, liebevoll „Bulli“ genannt, vom Band. Wie von Zauberhand gelenkt, scheinen die silbernen Karosserien an der Decke zu schweben. Der Bus ist das zweite Erfolgsmodell von VW – Nummer 1 ist natürlich unbestritten der Käfer.

Für die Baubranche war die Nachkriegszeit in Deutschland ein Traum. Innerhalb von 15 Jahren wurden drei Millionen Wohnungen gebaut. Aber sie waren auch dringend nötig, weil niemand mehr in den elenden „Nissenhütten" leben wollte.

Die Debatten um das „Wie" prägten die Zeit. Rekonstruktion? Alles neu? In Hannover konnte Stadtbaurat Rudolf Hillebrecht Politik, Geschäftsleute und Bürger von seinem Modell überzeugen – die autogerechte Stadt nach amerikanischem Vorbild. Mehr als 400 Versammlungen besuchte Hillebrecht dafür und hielt dort Vorträge. Den Geschäftsleuten, vor allem in der Karmarschstraße, erzählte er, wenn sie der Stadt nicht unentgeltlich Grund und Boden für breitere Straßen überließen, dann würde in zehn Jahren keiner mehr bei ihnen einkaufen, weil die Kunden nicht mit den Autos durch die engen Straßen kämen.

Der historische Grundriss der Stadt blieb zwar in seiner Grundstruktur erhalten, wurde aber auch durch manche Einschnitte verändert. Die Tangenten und die Kreisel, die pro Stück die seinerzeit unglaubliche Summe von sieben Millionen Mark verschlangen, fraßen außerhalb der Altstadt große Flächen, und für den Messeschnellweg wurde sogar die Eilenriede durchtrennt. Aber damals feierte man Hillebrecht für das neue Hannover, und noch heute ist die Stadt ein Mekka für Architekturstudenten.

Das Wort der Stunde war „Funktionstrennung". Man wollte die Orte für Wohnen, Arbeit und Erholung räumlich voneinander trennen. Und so wurden Wohnsiedlungen

Auch wenn man es dem Niedersachsenstadion nicht ansieht: Die Tribünen stehen auf Kriegstrümmern. Zwei Jahre lang wurde an dem riesigen Rund gebaut, in dem damals 86 000 Zuschauer Platz fanden. Heute passen in die AWD-Arena knapp 50 000 Menschen. Das Stadion wurde am 26. September 1954 eingeweiht.

an der einen Stelle hochgezogen, Industriegebiete anderswo.

Schon in den achtziger Jahren aber war das moderne Image verflogen. Vorbildcharakter bekamen Straßenzüge aus dem 19. Jahrhundert wie in der List oder in Linden, und junge Familien mit Kindern zog es ohnehin in den Speckgürtel, wo keine Stadtautobahn zu hören war. Heute, da die Architekturwelt über eine Renaissance der Städte debattiert, ist auch die Funktionstrennung passé – Wohnen und Arbeiten wachsen wieder zusammen.

Hannover ist die Heimat vieler Menschen, die hier nach dem Krieg aufgewachsen sind und die die Wohnsiedlungen mit den Ge-

rüchen von Suppe und frischem Brot verbinden, für die die Straßen Spielplatz und Fahrradrennstrecke waren und Parkbänke oder Kinos der Ort, an dem sie ihren ersten Kuss bekamen. Städtebauliche Debatten sind da völlig zweitrangig. Nur der Wunsch vieler Hannoveraner nach dem Neubau des Schlosses in Herrenhausen lässt eine eindeutige Sehnsucht nach gebauter Geschichte erkennen.

Fotograf Hans Sesselmann dokumentierte unermüdlich, wie sich die Stadt verwandelte. Er stieg auf den Turm des Hellux-Firmensitzes, seines Arbeitgebers, und fotografierte 1955 die Hildesheimer Straße Höhe Feldstraße mit Baulücken. Bald darauf drückte er noch einmal auf den Auslöser: keine Baulücken mehr. Die Bilder stehen stellvertretend dafür, dass es in Hannover 1945 knapp 72 000 Wohnungen gab, 64 000 davon beschädigt. 1956 standen schon mehr als 144 000 Wohnungen bereit, und 1960 waren es knapp 172 000.

Hans Sesselmann nahm auch den Rübezahlbrunnen von Kurt Lehmann in Mittelfeld in den Sucher – das Foto steht für die vielen Neuankömmlinge, die Flüchtlinge und Vertriebenen. In Mittelfeld hatten sich zahlreiche Schlesier angesiedelt, und der Berggeist des Riesengebirges sollte ihnen ein Stück der verlorenen Heimat ersetzen. Er fotografierte den Constructa-Block in der Südstadt – der Name geht auf eine vielbeachtete hannoversche Bauausstellung aus dem Jahr 1951 zurück –, der für das von Hillebrecht geforderte „aufgelockerte" Bauen mit viel Grün und kleinen Freiflächen steht. Für die Stadtverwaltung war es ein Vorzeigeprojekt, aber mancherorts wurde der Bau auch als „Kaserne" kritisiert.

Hans Sesselmann fotografierte auch das Niedersachsenstadion (die heutige AWD-Arena), das zwischen 1952 und 1954 entstand und quasi für gebaute Nachkriegsaufräumarbeit steht: Die Westtribüne wurde auf einem Wall aus Trümmern errichtet. Das Stadion kostete vier Millionen Mark, und ab 1959 trug die Mannschaft von Hannover 96, die zuvor auf der alten Radrennbahn am Pferdeturm und dann im Eilenriedestadion gespielt hatte, regelmäßig am Maschsee ihre Heimspiele aus. Auch das war, nach den langen Wirren des Krieges, ein wieder erreichtes Stück Normalität.

Vieles war noch zu tun, aufzuarbeiten, im handwerklichen wie im übertragenen Sinne. Aber als die Fünfziger zu Ende gingen, hatten die Menschen wieder ein bisschen mehr Sicherheit, ein bisschen mehr Verlässlichkeit in ihrem Alltag. Es war wie ein langes Aufatmen. Das Leben hatte wieder begonnen. Und das in Farbe.

Wer es sich leisten konnte, kaufte in den Fünfzigerjahren ein Moped. „Nicht mehr laufen, Quickly kaufen" lautete der griffige Reklamespruch. Und die Besitzer waren so was von stolz.

Baulücken werden geschlossen

Die Hildesheimer Straße 1955 (oben) in Höhe Feldstraße, aufgenommen vom Turm der Leuchtenfirma Hellux aus, in der Vater Sesselmann arbeitet. Die Baulücken sind nicht zu übersehen.

Dieselbe Hildesheimer Straße in Höhe Feldstraße wenig später im selben Jahr. Die Baulücken sind geschlossen. Der Wohnungsbau geht sichtlich voran.

Die neuen Schnellwege

Mit dem Bau der neuen Schnellwege soll der Stadtkern vom steigenden Durchgangsverkehr entlastet werden. In Herrenhausen müssen 1957 dafür die Fischteiche weichen. Hier wird später der Westschnellweg verlaufen.

Der Constructa-Block

Priorität hat nach dem Krieg der Wohnungsbau in Hannover. Zu den ersten großen Bauobjekten zählt der Constructa-Block zwischen Hildesheimer Straße und Schlägerstraße, hier im Foto von 1954. Der rechteckige Bau hat Modellcharakter. Der Name Constructa-Block geht auf eine vielbeachtete hannoversche Bauausstellung aus dem Jahr 1950 zurück.

Für die Schlesier

Der Rübezahlbrunnen von Kurt Lehmann wird 1954 in Mittelfeld aufgestellt. Er soll die dort angesiedelten vertriebenen Schlesier an ihre Heimat erinnern. Bildhauer Lehmann, der von 1949 bis 1969 als Professor an der technischen Hochschule Hannover lehrt, schafft zahlreiche Plastiken und Reliefs, die noch heute das Stadtbild Hannovers prägen.

Das neue Lichtspieltheater

Dafür wird Ricklingen 1957 beneidet: Hier steht ein Lichtspieltheater, heute Kino genannt. Das Haus ist gut besucht. 1957 laufen hier „Die 12 Geschworenen" mit Henry Fonda, „Die Brücke am Kwai" mit Alec Guinness oder „Einer kam durch" mit Hardy Krüger.

Contis roter Klinkerbau

Man könnte meinen, dies sei ein aktuelles Bild, so ähnlich sieht es auch heute noch dort aus. Das Bild zeigt das Continental-Werk am Mittellandkanal im Bereich Nordhafen Mitte.

Der rote Klinkerbau entstand in den Jahren 1938/40. Die Gebäude werden auch heute noch als Lagerhäuser genutzt.

Ein stiller Nachmittag

Nein, dieses Bild ist nicht an einem Sonntag aufgenommen worden … Das Foto aus dem Jahr 1955 zeigt einen Straßenzug in Ricklingen. Gerade mal ein Auto parkt an der Ecke. Es ist ein ganz normaler stiller Nachmittag.

Festlicher Schmuck in der City

Die Innenstadt hat sich fein gemacht. Zum Weihnachtsfest 1957 ist die Seilwinderstraße mit Grün und vielen Lichtern schön geschmückt. Die Geschäftsleute wünschen ein „Frohes Fest“. Die Hannoveraner kaufen wieder gern ein.

Vitae

Hans Sesselmann

Hans Sesselmann, geboren am 5. November 1919, wuchs in Fischbach bei Kronach in Oberfranken auf. Nach verschiedenen durch den Beruf des Vaters bedingten Umzügen kam die Familie nach Hannover-Ledeburg, wo sie blieb.

1934 begann Hans Sesselmann eine Schriftsetzerlehre. Nach dem Krieg besuchte er von 1946 bis 1949 die Grafikklasse der hannoverschen Werkkunstschule (die spätere Fachhochschule Kunst und Design).

Nach einer nicht ganz einfachen Phase der Selbstständigkeit bewarb Sesselmann sich als Werbe- und Gebrauchsgrafiker bei der C. A. Schaefer KG. Dort war Sesselmann zuständig für Werbung und Außendarstellung der hannoverschen Leuchtenfirma.

1951 heiratete Hans Sesselmann seine langjährige Verlobte Christa Andersson, die aus Hannover stammte. Aus der Ehe gingen drei Kinder hervor. Hans Sesselmann starb am 31. Januar 1991.

Sohn Matthias Sesselmann wurde am 14. Juni 1953 in Hannover geboren. Seit Jahrzehnten beschäftigt er sich mit hannoverscher Geschichte und kümmert sich um den umfangreichen Fotonachlass des Vaters.

Continental

Staunen über die Autobahn

Die Autobahn A2 bei Stöcken. Ein Onkel vom Land besuchte Familie Sesselmann. Sein größter Wunsch: die vierspurige Autobahn ansehen. Diesen andächtigen Augenblick hielt Hans Sesselmann 1957 im Bild fest. Und man sieht: Mit Staus war damals noch nicht zu rechnen.

Kennen Sie die schon?

Gehen Sie mit der HAZ auf Zeitreise und erleben Sie das alte Hannover.

Hannoversche Filmschätze

Es ist ein außergewöhnliches Projekt: Die HAZ hat ihre Leser aufgerufen, ihre privaten Filmarchive zu sichten. Das Ergebnis ist eindrucksvoll: Aus den von Experten liebevoll und aufwendig aufbereiteten Filmen sind zwei wunderbare DVD-Editionen entstanden. Der erste Teil, bestehend aus fünf DVDs, dokumentiert die Geschichte der Leinestadt von den Zwanzigern bis in die achtziger Jahre. Teil zwei der Edition zeigt auf vier DVDs die sportlichen Höhepunkte in Hannover – von den Dreißigern bis zu den Siebzigern. Dazu gibt es die glanzvollsten Momente von Hannover 96.

Edition zur allgemeinen Stadtgeschichte
ISBN 978-3-940308-10-8
79,90 Euro

Edition zur Sportgeschichte
ISBN 978-3-940308-24-5
69,90 Euro

Mein Hannover

Erinnern Sie sich noch an den Besuch der Queen 1965, an den ersten Ausflug mit dem eigenen Auto in den Fünfzigern oder die Ankunft der Nanas? Die HAZ präsentiert einen Bildband, mit dem all diese Ereignisse wieder lebendig werden. „Mein Hannover" zeigt eindrucksvolle Fotografien aus 60 Jahren Stadtgeschichte. Es sind Aufnahmen aus den privaten Fotoalben der Leser, ergänzt durch spannende Motive aus dem Zeitungs-Archiv. Zu jedem Bild erzählt HAZ-Kolumnist Hans-Peter Wiechers eine kleine Geschichte – liebevoll und kenntnisreich.

ISBN 978-3-940308-43-6
19,90 Euro

Evas Tagebuch

Sie wollte ein Buch für ihre Enkel schreiben mit Geschichten aus ihrem eigenen Leben. Aber es wurde sehr viel mehr: Berührend und mit viel

Witz erzählt die Hannoveranerin Eva Simon in diesem sechsteiligen Hörbuch von ihren Erlebnissen in den Jahren 1938 bis 1961. Für junge Zuhörer ist es eine Reise in eine andere Welt. Für die Älteren ist Eva Simon die Stimme ihrer Generation.

ISBN 978-3-940308-19-1
19,90 Euro

Mittendrin

Wussten Sie schon, dass an der Stelle des Ihme-Zentrums einst die größte Weberei Europas stand und die weltweit ersten Schallplatten aus Hannovers Nordstadt kamen? Wenn nicht, dann begleiten Sie unsere Autoren Barbara Schlunk-Wöhler und Ekkehard Oehler-Austin bei ihren zehn Spaziergängen durch die Leinestadt. Mit

diesem Buch lernen Sie Hannover ein bisschen besser kennen, und am Ende werden Sie diese Stadt noch ein bisschen mehr lieben.

ISBN 978-3-940308-34-4
14,90 Euro

Bequem bestellt – schnell geliefert!
- im Internet: shop.haz.de
- per Telefon (0 18 01) 518 518*

zzgl. einmaliger Versandkosten

Oder direkt:
- im Madsack-Medienzentrum, Lange Laube 10
- in den HAZ-Geschäftsstellen
- im Buchhandel

*3,9 Cent pro Minute aus dem Netz der Deutschen Telekom, Mobilfunkhöchstpreis 42 Cent je Minute.

Unterrichtsmodell

Theodor Storm „Der Schimmelreiter“

Baustein 1

Die Frage des Einstiegs
S. 12–20

1.1	Die Lesestunde	S. 5-10	Textarbeit, Malauftrag
1.2	Das persönliche Inhaltsverzeichnis	ges. Buch	Schreibauftrag
1.3	Der „Klappentext“	ges. Buch	Textarbeit, Schreibauftrag
1.4	Ein Faltblatt: Freilicht-theater am Deich	ges. Buch	Arbeitsblatt 1
1.5	Eine Verfilmung	ges. Buch/Film	Filmanalyse
1.6	Eine markante Textstelle	S. 5-10	Arbeitsblatt 2, Textarbeit, Tafelskizze

Baustein 2

Wer erzählt die Geschichte vom Schimmelreiter?
S. 21–30

2.1	Die Erzählsituation	S. 5-10, ges. Buch, Z 1	Tafelskizzen, Textarbeit, Schreibauftrag, Arbeitsblatt 3
2.2	Der erste Erzähler als Persönlichkeit	S. 9-10, 128-130, S. 170-171	Textarbeit, Tafelskizze, Schreibauftrag, Arbeitsblatt 4
2.3	Der Erzähler als Vermittler der Geschichte	S. 9-14, ges. Buch	Textarbeit, Arbeitsblatt 5

Baustein 3

Haukes Jugendgeschichte – ein Entwicklungsroman?
S. 31–43

3.1	Vater und Sohn	S. 10-14, S. 138-142, S. 170-171	Textarbeit, Tafelskizzen, Szenisches Spiel, Schreibauftrag
3.2	Initiation und Emanzipation	S. 14-17, S. 19-26	Textarbeit, Szenisches Spiel, Tafelskizzen, Schreibauftrag
3.3	Hauke und Elke	S. 29-49	Schreibaufträge, Textarbeit, Tafelbild, Szenisches Spiel, Arbeitsblatt 6
3.4	Der Tod der Väter	S. 26-61, S. 137	Schreibauftrag, Tafelskizzen, Arbeitsblatt 7

Baustein 4

Hauke als Deichgraf
S. 44–52

4.1	Das neue Deichprofil – Der Erfinder als Kunstfigur	ges. Buch, S. 62, S. 84-86, S. 135-148, S. 15, Schaubild	Textarbeit, Szenisches Spiel, Schreibaufträge, Tafelskizze, Projekt
4.2	Ein Wort und seine Wirkung	S. 64-67	Schreibaufträge, Szenisches Spiel, Textarbeit, Tafelskizze,
4.3	Verantwortung oder Profitdenken?	S. 80-84, S. 98-100, S. 75-76, S. 154	Szenisches Spiel, Schreibauftrag
4.4	Dämonisierung: Der Schimmelreiter	S. 69-74, 79-80, 87, 91, 128-129	Textarbeit, Tafelskizze, Schreibauftrag

Baustein 5

Realitätsbezug und Quelle
S. 53–59

5.1	Die Schauplätze der Novelle	S. 149-155, Z2	Textarbeit, Tafelskizzen, Schreibauftrag, Projekt
5.2	„Der gespenstige Reiter. Ein Reiseabenteuer“	ges. Buch, S. 156-159	Textarbeit, Arbeitsblatt 8
5.3	Integrierte Sagenmotive	S. 67, 96-98, 107-108	Schreibauftrag

Baustein 6

Schreibprozess und Gattung
S. 60–66

6.1	Schreibprozess und Biografie	Z4, S. 160-165	Referat, Folie
6.2	Das Gattungsproblem – „Eine zurückgezogene Vorrede“	S. 5-9, 17-18, 63-67, Zitat, S. 69-80, S. 109-114	Schreibauftrag, Textarbeit, Tafelskizze
6.3	Untertitel – „Novelle“	S. 168-169, ges. Buch, Z3	Tafelskizze, Arbeitsblatt 9

Inhaltsverzeichnis

W0204310

Unterrichtsmodell

Theodor Storm

Der Schimmelreiter

erarbeitet von Widar Lehnemann

herausgegeben von Johannes Diekhans

Schöningh

EINFACH DEUTSCH

- Arbeitsfrage
- Einzelarbeit
- Partnerarbeit
- Gruppenarbeit
- Unterrichtsgespräch
- Schreibauftrag
- Szenisches Spiel
- Mal- und Zeichenauftrag
- Bastelauftrag
- Projektorientierung, offenes Unterrichtsangebot

Vorwort

Der vorliegende Band ist Teil einer Reihe, die Lehrerinnen und Lehrern erprobte und an den Bedürfnissen der Schulpraxis orientierte Unterrichtsmodelle zu ausgewählten Ganzschriften und weiteren relevanten Themen des Faches Deutsch bietet.
Im Mittelpunkt der Modelle stehen Bausteine, die jeweils thematische Schwerpunkte mit entsprechenden Untergliederungen beinhalten.
In übersichtlich gestalteter Form erhält der Benutzer/die Benutzerin zunächst einen Überblick zu den im Modell ausführlich behandelten Bausteinen.

Es folgen:

- Hinweise zu den Handlungsträgern
- Zusammenfassung des Inhalts und der Handlungsstruktur
- Vorüberlegungen zum Einsatz des Buches im Unterricht
- Hinweise zur Konzeption des Modells
- Ausführliche Darstellung der einzelnen Bausteine
- Zusatzmaterialien

Ein besonderes Merkmal der Unterrichtsmodelle ist die Praxisorientierung. Enthalten sind kopierfähige Arbeitsblätter, Vorschläge für Klassen- und Kursarbeiten, Tafelbilder, konkrete Arbeitsaufträge, Projektvorschläge. Handlungsorientierte Methoden sind in gleicher Weise berücksichtigt wie eher traditionelle Verfahren der Texterschließung und -bearbeitung.
Das Bausteinprinzip ermöglicht es dabei den Benutzern, Unterrichtsreihen in unterschiedlicher Weise und mit unterschiedlichen thematischen Akzentuierungen zu konzipieren: Auf diese Weise erleichtern die Modelle die Unterrichtsvorbereitung und tragen zu einer Entlastung der Benutzer bei.

Das vorliegende Modell bezieht sich auf folgende Textausgabe: Theodor Storm: Der Schimmelreiter. Paderborn: Schöningh Verlag 1999. Best. Nr.: 022294-7

www.schoeningh.de
Schöningh Verlag, Jühenplatz 1–3, 33098 Paderborn

Druck A 6 5 4 / Jahr 2007 06 05
Alle Drucke der Serie A sind im Unterricht parallel verwendbar.
Die letzte Zahl bezeichnet das Jahr dieses Druckes.

Druck und Bindung: Friedrich Pustet, Regensburg

ISBN 13: 978-3-14-022293-8
ISBN 10: 3-14-022293-9

Die Erzählsituation

Autor: 1888 (S. 5, Z. 1–18)

Reisender: um 1830 (S. 5, Z. 19f.)

Hauke als Junge

U 1 (S. 12, Z. 11–18)

Deich- und Denkarbeit
Seegespenster

U 2 (S. 17, Z. 30 – S. 18, Z. 17)

....
....
....
....
....

U 3 (S. 51, Z. 32 – S. 53, Z. 9

....
....
....
....

U 4 (S. 69, Z. 14–25)

....
....
....
....
....

U 5 (S. 115, Z. 35–38)

....
....

Reisender: um 1830 (S. 128, Z. 28 – S. 130, Z. 14)

„In der Mitte des vorigen Jahrhunderts…“
(um 1750)

Schulmeister

Reisender

Autor

Vervollständigt die Skizze dadurch, dass ihr die wichtigsten Erzählinhalte eintragt.

Die Anordnung der Erzählinhalte

Hauke als Junge

U 1

Deich- und Denkarbeit
Seegespenster

U 2

Tötung des Katers
Hauke als Kleinknecht
Annäherung an Elke
Hauke als Großknecht
Tod Tede Haiens

U 3

Tod des Deichgrafen
Wahl Haukes zum Deichgrafen
Hochzeit mit Elke
Plan eines Deiches

U 4

Spuk auf Jevershallig
Kauf des Schimmels
Bau des Deiches
Geburt Wienkes
Schäden am alten Deich

U 5

Tod von Trin' Jans
Sturmflut: Untergang

2.2 ❒ Der erste Erzähler als Persönlichkeit

(S. 9, Z. 23 – S. 10, Z. 24; S. 69, Z. 14–25; S. 128–130; Anhang S. 170–171)

Die Glaubwürdigkeit einer Geschichte hängt von der Figur dessen ab, der sie vermittelt. Das ist im vorliegenden Fall der als erster Erzähler fungierende Schulmeister. Er wird durch den Reisenden, den zweiten Erzähler, also in Fremdcharakterisierung eingeführt. Die dabei vermittelten Zitate stellen gleichzeitig eine Selbstcharakterisierung des Schulmeisters dar.

Der Reisende weist in seinem Bericht zunächst darauf hin, dass der Schulmeister eine Art von „Außenseiter" ist, eine Randfigur: „Abseits hinter dem Ofen, ein wenig gebückt, saß ein kleiner hagerer Mann in einem abgeschabten schwarzen Röcklein; die eine Schulter schien ein wenig ausgewachsen" (S. 9, Z. 23–26).

- Er ist nicht in die Gruppe der Anwesenden integriert.
- Er ist klein und hager, und er hat einen Buckel.
- Sein Anzug ist abgetragen.
- Er scheint wenig vital zu sein (S. 9, Z. 37–38).

Im Gegensatz zu diesem äußeren Eindruck steht die Kennzeichnung, die der Reisende aufgrund des „Auftritts" des Schulmeisters gibt: „der kleine Herr", „überlegenes Lächeln", „feines Gesicht" (S. 10, Z. 5–8).
Das so gekennzeichnete Verhalten erfährt durch den Deichgrafen wiederum eine negative Deutung („er ist [...] ein wenig hochmütig") und eine Erklärung aus der Biografie: Hinweis auf das Studium der Theologie und die verfehlte Heirat, wegen der er hier im Dorf „behangen geblieben" ist (vgl. S. 10, Z. 9–13).
Energisch verwahrt er sich dagegen, mit Antje Vollmers verglichen zu werden (vgl. S. 9, Z. 37–S. 10, Z. 2). Damit distanziert er sich selbstbewusst von der „apokryphen" Tradition des Erzählens vom Schimmelreiter.

Seine Quellen und seine Einstellung zur Überlieferung:
- Für den Schulmeister ist in der Überlieferung „viel Aberglaube" (S. 10, Z. 19–20).
- In der vierten Unterbrechung (S. 69, Z. 14–25) äußert er sich zu seinen Quellen: Er unterscheidet zwischen dem, was er in vier Jahrzehnten „aus den Überlieferungen verständiger Leute [...]" zusammengefunden hat, und dem, was bis heute als „Geschwätz" im Umlauf sei.
- Nach Beendigung seiner Erzählung betont er : „„Das ist die Geschichte von Hauke Haien, [...], wie ich sie nach bestem Wissen nur berichten konnte [...]'" (S. 128, Z. 31–33).

Aufgrund seiner Einstellung zur Überlieferung und des Umgangs mit ihr bezeichnet ihn der Deichgraf am Schluss im negativen Sinne als „Aufklärer" (S. 130, Z. 3–4), während er dem Reisenden, der im Unterschied zu den Marschbewohnern wohl als weltoffen gelten darf, „ein verständiger Mann" scheint (S. 130, Z. 5).

Die Ergebnissicherung kann in Form einer Tafelskizze erfolgen. Möglich ist eine Matrix, deren Aspekte aus den Hinweisen zur Charakterisierung (Anhang S. 170–171) zu gewinnen sind.

❒ *Charakterisiert den Erzähler als Persönlichkeit. Orientiert euch dabei an den „Tipps und Techniken" (Textausgabe S. 170–171)".*

Der Erzähler als Persönlichkeit

Vermittler → Aspekt ↓	Der Reisende	Der Deichgraf
Äußere Erscheinung	– klein, hager – Ansatz eines Buckels – spärliches graues Haar – dunkle Wimpern – hochbetagt – kränklich	
Beruf		– Lehrer
soziale Stellung	– respektierte Randfigur	
Verhalten	– selbstbewusst	
Einschätzung	– vornehmer Mensch – geistig überlegen – feine Gesichtszüge – verständig	– Kompetenz anerkannt – ...und bezweifelt – ein wenig hochmütig – ein „Aufklärer“ im negativen Sinne

→ unterschiedliche Wahrnehmung und Beurteilung des Erzählers ←

Lehrer sind vielerorts als Verfasser der Lokalgeschichte hervorgetreten. Das hängt zum einen mit ihrer Vorbildung und ihrem heimatkundlichen Interesse zusammen, zum anderen mit den Erwartungen, die sich aus dem sozialen Umfeld an sie richten. Die Schülerinnen und Schüler sollten auch überlegen, warum Storm gerade einen Schulmeister mit der Rolle des Erzählers betraut hat. Dabei müssen sie berücksichtigen, dass Antje Vollmers eine andere Erzähltradition der Geschichte vom Schimmelreiter vertritt und der Schulmeister vom Deichgrafen – in kritischer Absicht – als „Aufklärer“ bezeichnet wird. Die unterschiedliche Wahrnehmung des Erzählers kann auch durch folgenden Schreibauftrag verdeutlicht werden.

- ❒ *Verfasst eine Charakterisierung des Schulmeisters aus der Sicht des Reisenden.*
- ❒ *Verfasst eine Charakterisierung des Schulmeisters aus der Sicht des Deichgrafen.*

Arbeitsblatt 4 (S. 27) enthält eine weitere Möglichkeit, den Textbeginn unter dem Aspekt der Personenkonstellation zu erschließen. Denkbar ist es, die Erarbeitung auf diese Weise zu beginnen und die Textanalyse im Sinne der Ausführungen zuvor anzuschließen. Sinnvoll kann es jedoch auch sein, die Erarbeitungsphase mit den geforderten Standbildern abzuschließen und so eine Ergebnissicherung zu gewährleisten.

Ein Standbild bauen

Textgrundlage: Theodor Strom, Der Schimmelreiter (S. 8, Z. 23–S. 10, Z. 24)

Aufgabe: Baut und formt ein Standbild, das die Situation im Wirtshaus abbildet, nachdem der Reisende seinen Bericht gegeben hat. Wichtig ist, dass die Beziehungen der Figuren zueinander deutlich werden.

Was ist ein Standbild?

Ein Standbild ist eine „eingefrorene" pantomimische Konstellation: eine aus lebendigen Menschen gebildete und dann erstarrte Figurengruppe, die Personen in einer bestimmten Haltung darstellt, sodass Wesentliches über ihren Charakter und ihr Verhältnis zueinander erkennbar wird.

Wie bildet man ein Standbild?

Die Klasse wird (nach der Anzahl der zu bauenden Standbilder) in Gruppen aufgeteilt, wobei jede Gruppe sowohl Jungen als auch Mädchen aufweisen sollte.

1. Lest den Text (S. 5–10) gemeinsam. Haltet dabei fest, worum es inhaltlich vor allem geht. Überlegt, wie das Verhältnis der auftretenden Figuren zueinander gestaltet ist. Versucht weitere Eindrücke zu formulieren: Gestik, Mimik, Körperhaltung.
2. Die einzelne Gruppe teilt sich auf in Darsteller und „Standbildbauer".
   Bei der Auswahl der Darsteller ist es nicht zwingend erforderlich, dass Jungen Männerrollen und Mädchen Frauenrollen übernehmen. Allerdings sollte die Auswahl der Darsteller in Bezug auf die darzustellenden Personen nicht völlig konträr ausfallen.
3. Die Darsteller werden, gemäß den Vorüberlegungen, von den Standbildbauern in Positionen gestellt und – einer „Knetmasse" gleich – geformt, ohne selber gestaltend einzugreifen. Dabei werden Körperhaltungen und Personenkonstellationen so lange formend verändert, bis das Bild dem entspricht, was man ausdrücken möchte.
4. Das endgültige Standbild wird „eingefroren"; die Darsteller prägen sich ihre Stellungen ein, sodass im Plenum das Standbild wieder abgerufen werden kann.

Spätestens nach 15 Minuten müssen die Gruppen fertig sein.

Vorschlag: Vom Anfang der Novelle „Der Schimmelreiter" eignen sich drei Situationen besonders gut zur Gestaltung als Standbild:

(1) S. 9, Z. 13–15: Der Reisende – die Anwesenden – einer der Männer
(2) S. 9, Z. 31–36: Der Reisende – der Deichgraf – der Schulmeister.
(3) S. 10, Z. 18–24: Der Reisende – der Schulmeister – der Deichgraf – die Männer.

Wie bespricht man ein Standbild?

Im Plenum werden die Standbilder nacheinander aufgebaut. Die nicht beteiligten Schülerinnen und Schüler beschreiben, was sie sehen und was das Bild für sie ausdrückt. Dabei können sie auch das Standbild verändern um ihre Deutung zu veranschaulichen.
In einem zweiten Schritt erläutert die darstellende Gruppe ihr Ergebnis. So geht es Gruppe für Gruppe reihum.

2.3 ❐ Der erste Erzähler als Vermittler der Geschichte

Aus der Charakterisierung des Schulmeisters geht hervor, dass er die Geschichte so erzählt, wie er sie verantworten kann. Er setzt sich ab von der Tradition, die Antje Vollmer vertritt, und ist um Authentizität bemüht, wenngleich er weiß, dass in der Überlieferung viel Aberglaube enthalten ist und es eine Kunst sei, sie ohne diesen zu erzählen (vgl. S. 10, Z. 18–20). Die Einstellung, die er gegenüber dem darzustellenden Sachverhalt hat, ist als „kritisch" zu bezeichnen. Wo er sich außer Stande sieht, für die Wahrheit dessen, was er mitteilt, einzustehen, gibt er zu, sich auf „Geschwätz" beziehen zu müssen (vgl. S. 69, Z. 20–25).

Der Schulmeister erzählt vom Leben eines Menschen, der hundert Jahre vor ihm lebte. Er ist also auf Überlieferung angewiesen. Er unterbricht seine Geschichte von Zeit zu Zeit, um sich an den Reisenden zu wenden und Kommentare zum Geschehen abzugeben. Dass er außerhalb der Handlung steht, ist schon durch den Zeitabstand bedingt. Er besitzt nicht die Autorität eines Zeitzeugen. Durch seine Kommentare ist er aber als erzählendes Ich mit der Geschichte verbunden. Es handelt sich beim Schulmeister um einen Ich-Erzähler, der nicht Teil der erzählten Handlung ist; er tritt aber mit dem Anspruch auf, eine vertretbare Version der Geschichte zu vermitteln. Er flicht Kommentare ein (U 1 bis U 5, S. 23), kündigt Kommendes an und blickt auf Vergangenes zurück. Damit weist er Züge eines auktorialen Erzählers auf. Seine Darstellung ist der Versuch einer Rekonstruktion des Geschehenen aus überlieferten Bruchstücken. An den Dialogen wird besonders gut deutlich, dass er sich für seine Darstellung nicht verbürgen kann: Sie sind erfunden. Diese Feststellung gilt allerdings für jegliche Epik, sodass unter diesem Aspekt keine prinzipielle Kritik an der Figur des Erzählers geübt werden kann – Dichtung ist Fiktion.

❐ *Prüft anhand von Arbeitsblatt 5 (Grundbegriffe der Erzähltechnik) die Frage, welche Erzählsituation auf die Novelle zutrifft.*

Welcher epischer Mittel bedient sich der Schulmeister? Diese Frage soll anhand der Darstellung von Haukes Kindheit behandelt werden (zur Terminologie vgl. Arbeitsblatt 5: Grundbegriffe der Erzähltechnik, S. 30).

Die erste Phase seiner Erzählung (S. 10, Z. 25 – S. 14, Z. 22) weist eine Zweiteilung auf. Auf berichtende Darstellung (S. 10, Z. 25 – S.11, Z. 12) folgt szenische Darstellung (S. 11, Z. 12–S. 12, Z. 4) mit anschließendem Bericht des Erzählers (S. 12, Z. 5–10). Nach der 1. Unterbrechung (S. 12, Z. 11–18) erfolgt abermals Erzählerbericht (S. 12, Z. 19 – S. 13, Z. 24); an den schließt sich szenische Darstellung an (S. 13, Z. 25 – S. 14, Z. 22).

Zeitgestaltung: Der Erzähler beginnt mit der zeitlichen Einordnung seiner Geschichte: Er siedelt sie in der Mitte des 18. Jahrhunderts an (S. 10, Z. 25–26). Die Zeit wird iterativ-durativ gerafft: „im Herbst und im Frühjahr", „im Winter" (S. 11, Z. 6–7). Dann wird ein Tag aus dem Fluss der Zeit herausgehoben: „eines Abends" (S. 11, Z. 12). Damit wird szenische Darstellung eingeleitet: Die Antwort des Vaters auf Haukes vom Erzähler vermittelte Frage, warum der Sachverhalt „gerade so sein müsse und nicht anders sein könne" (S. 11, Z. 14–15), wird in wörtlicher Rede wiedergegeben (S. 11, Z.17 – 21). Das Geschehen wird streng chronologisch nachgezeichnet; „tags darauf" (S. 11, Z. 22) findet der Junge den Euklid, an den sein Vater ihn verwiesen hat, auf dem Boden. Im sich anschließenden Erzählerbericht wird die Zeit zwischen dem Winter und dem Frühsommer umschreibend gerafft (S. 12, Z. 6–8).

Nach der 1. Unterbrechung (S. 12, Z. 11–18) wird im Erzählerbericht ein größerer Zeitraum durch die Angabe „von Ostern bis Martini" (S. 12, Z. 27–28) zusammengefasst. Das Einerlei der Arbeit, das nicht durch markante Ereignisse unterbrochen wird, findet seine Darstellung in iterativ-durativen Ausdrücken: „allzeit [...], und wenn [...]. Und wenn [...] und manch ein Mal [...], stundenlang [...] (S. 12, Z. 30f.)."

Schließlich wird abermals ein wichtiges Ereignis aus dem Zeitfluss herausgehoben und szenisch dargestellt (S. 13, Z. 25–S. 14, Z. 22): das Gespräch zwischen Vater und Sohn über die Deiche. Die zeitliche Einordnung erfolgt durch die adverbielle Bestimmung „eines Abends" (S. 13, Z. 25). Hauke übt Kritik an den alten Deichen und äußert zum ersten Male seine Idee eines Deiches mit flacherem Profil, worauf Tede ironisch bemerkt, er könne es ja zum Deichgrafen bringen.

Bei szenischer Darstellung liegt „Zeitdeckung" vor (vgl. Arbeitsblatt 5, S. 30). Wodurch sich szenische Darstellung in epischen Werken von Dramenszenen unterscheidet, sind die redebegleitenden Sätze („sagte Hauke"...). In ihnen wird die Anwesenheit eines Erzählers bewusst. Da dem Leser an solchen Stellen Personenrede unvermittelt dargeboten wird, ist es ihm möglich, sich hier ein eigenes Urteil über die Personen zu bilden.

Die Klasse kann diesen Sachverhalt unter folgender Fragestellung aufarbeiten:

❒ *Wie gelingt es dem Erzähler, einen Zeitraum von mehreren Jahren auf wenigen Seiten darzustellen (S. 10, Z. 26–S. 14, Z. 22)?*

Notizen

Grundbegriffe der Erzähltechnik

Wichtig ist die Unterscheidung von Autor/Autorin und Erzähler/Erzählerin. Die Erzählerinstanz wird vom Autor geschaffen und ist Teil des Geschehens. Beginnt eine Erzählung mit dem Satz „Ich liege träumend im Gras", ist mit dem „Ich" nicht der Autor gemeint, sondern eine von ihm geschaffene Instanz, die das Geschehen dem Leser vermittelt. Schließlich dürfte der Autor diesen Satz am Schreibtisch möglicherweise mithilfe seines Computers aufs Papier gebracht haben, und nicht im Grase liegend.

Es gibt unterschiedliche Möglichkeiten, diese Erzählerfigur anzulegen und auszugestalten:

Erzählsituation / Erzählverhalten

auktoriale Erzählsituation	Der Erzähler ist allwissend; er greift kommentierend und wertend in das Geschehen ein; er kann zurückschauen und vorausblicken.
personale Erzählsituation	Das Geschehen wird aus der Perspektive einer oder mehrerer am Geschehen beteiligter Personen wiedergegeben; der Erzähler vermittelt dem Leser nur das, was diese Person (diese Personen) erlebt.
Ich-Erzählsituation	Der Erzähler ist Teil des erzählten Geschehens und gibt dieses in der Ich-Form wieder.
neutrale Erzählsituation	Der Erzähler verzichtet auf vorausblickende, wertende und kommentierende Äußerungen oder auf die Innensicht einer Person. Er gibt die Ereignisse wieder, wie sie augenscheinlich für ihn „objektiv" sind.

Erzählweisen

berichtendes Erzählen	Der Erzähler gibt das Geschehen in berichtender Form wieder. Gemeint ist dabei nicht eine besonders sachliche Darstellungsform, sondern die Wiedergabe aus der Beobachterposition. Diese Wiedergabe kann auch sehr spannend erfolgen.
szenisches Erzählen	Im Mittelpunkt der Darstellung stehen Dialoge; der Erzählerbericht tritt in den Hintergrund.
innerer Monolog	Gedanken und Gefühle einer Person werden in der 1. Person Singular wiedergegeben.
erlebte Rede	Gedanken und Gefühle einer Person werden in der 3. Person Singular wiedergegeben („Wie sollte er das Problem lösen?").

Zeitgestaltung

Erzählzeit	Die Erzählzeit ist die Zeit, die für das Erzählen benötigt wird. Es handelt sich also auch um die Zeit, die der Leser für den Leseprozess aufwendet.
erzählte Zeit	Die erzählte Zeit ist der Zeitraum, über den erzählt wird.
Zeitraffung	Der Erzähler fasst längere Zeiträume zusammen. Das bedeutet, dass die erzählte Zeit viel länger ist als die Erzählzeit.
Zeitdehnung	Die Erzählung erfolgt in „Zeitlupe". Das bedeutet, dass die Erzählzeit länger ist als die erzählte Zeit.
Zeitdeckung	Erzählzeit und erzählte Zeit sind in etwa deckungsgleich, was vor allem beim szenischen Erzählen der Fall ist.

Baustein 3

Haukes Jugendgeschichte – ein Entwicklungsroman?

3.1 ❐ Vater und Sohn

(S. 10, Z. 25 – S. 14, 22; Anhang: S. 138 – S. 142; S. 170–171)

Der Schulmeister beginnt seine Erzählung mit einer vorausgreifenden Kennzeichnung Haukes. Dabei hebt er hervor, dass dieser sich sein Wissen „nur selber ausgesonnen" hatte (S. 10, Z. 38). Dann wendet er sich zunächst seinem Vater Tede zu, den er mit Hans Mommsen von Fahretoft vergleicht: „Ein Stück von einem solchen Manne war auch der Vater des nachherigen Deichgrafen gewesen" (S. 11, Z. 2–3).

Die Klasse beschäftigt sich zunächst mit der Frage:

❐ *Was für ein Mensch war Tede Haien und was bedeutete er für die Entwicklung seines Sohnes?*

Festzustellen ist der soziale Stand (Kleinbauer), hinzuweisen ist auf seine Arbeit im Frühjahr und im Herbst (Landmessen) und auf seine Tätigkeit im Winter („zu ritzen und zu prickeln").
Der mit seinen Schulbüchern beschäftigte Sohn schaut ihm dabei zu und stellt schließlich die Frage nach dem Warum (S. 11, Z. 12–16).
Da der Alte sie nicht beantworten kann, verweist er seinen Sohn an den Euklid.
Die Ergebnissicherung erfolgt in Form einer Tafelskizze:

Tede Haien

Soziale Stellung:	Kleinbauer
Einschätzung:	klügster Mann im Dorf
Gewohnheiten:	arbeitet im Sommer als Bauer, im Frühjahr und Herbst als Landmesser, im Winter als „Theoretiker"
Bedeutung für Hauke:	verweist ihn an den Euklid schickt ihn zur Deicharbeit formuliert (ironisch) sein Berufsziel

Fazit: Tede war für seinen Sohn Vorbild, Anreger und Prüfinstanz.

In einem weiteren Erarbeitungsschritt geht es um Tede und Hauke Haien und um Hans Mommsen.

❒ *Vergleicht Tede Haien und Hans Mommsen sowie Hauke Haien und Hans Mommsen miteinander (S. 10–14; Anhang S. 138–142).*

Zunächst sind Gemeinsamkeiten zwischen Tede und Hans Mommsen festzustellen:

- Beide sind Bauern (S. 11, Z. 5–6; S. 138, Z. 18–19).
- Hans Mommsen kann „schön ritzen und pricken" (S.138, Z. 26); Tede Haien sitzt in seiner Stube „zu ritzen und zu prickeln" (S. 11, Z. 8–9).
- Hans Mommsens Vater versteht etwas „vom Landmessen" (S. 139, Z. 3); Tede Haien geht „aufs Landmessen" (S. 11, Z. 5–6).
- Hauke schaut seinem Vater beim Zeichnen zu (S. 11, Z. 9–12); Hans Mommsen schaut seinem Vater zu.
- Hauke stellt eine Frage und Hans stellt eine Frage.

Diese Episode (S. 139, Z. 9–11; S. 11, Z. 17–21) charakterisiert die Söhne. Hans Mommsen und Hauke wollen wissen, warum etwas so ist und nicht anders. Beide werden an den Euklid verwiesen. Da es sich um holländische Ausgaben handelt, müssen die Jungen zunächst Holländisch lernen. Beide Väter schicken ihre Söhne zur Deicharbeit, um sie von ihren Gedanken abzubringen. Bei beiden misslingt dieser Plan. Damit enden die Gemeinsamkeiten zwischen Hauke Haien und Hans Mommsen (S. 140, 14).

Hans Mommsen und Hauke Haien als Jungen

Hans Mommsen ⟷ **Hauke Haien**

- beide Jungen stellen die Frage nach dem „Warum"
- Väter können keine Begründung geben
- werden an den holländischen Euklid verwiesen
- lernen Holländisch
- begreifen das Buch
- werden von den Vätern zur Deicharbeit geschickt.

→ in Hans Mommsen fand Storm das Vorbild für Hauke Haien.

Die Erarbeitung kann durch folgende produktionsorientierte Aufträge weitergeführt werden:

❒ *Vorschlag für ein Rollenspiel bzw. einen fiktiven Dialog:*
In den Pausen hält Hauke sich von den anderen Deicharbeitern fern, um den Euklid zu studieren (S. 12, Z. 30–33). Sie sprechen ihn deshalb an und fragen ihn: „Sag einmal, warum sonderst du dich immer von uns ab?"
Führt das Gespräch weiter und spielt es.

❒ *Gestaltet ein Gespräch, das am Sonntag im Wirtshaus zwischen einigen Kärrnern über Hauke geführt wird: „Ein merkwürdiger Bursche, dieser Hauke! In den Arbeitspausen schlägt er regelmäßig ein Buch auf und liest darin…“*

❒ *Hauke hat die Vision eines neuen Deiches (S. 13, Z. 17–24). Schreibt dazu einen inneren Monolog: Was könnte er in diesem Augenblick gedacht haben? Lest die Textstelle anschließend noch einmal und fügt den Monolog ein.*

❒ *Charakterisiert Vater und Sohn aufgrund des Gesprächs, das sie über die Deiche führen (S. 13, Z. 25 – S. 14, Z. 22).*

❒ *Schreibt eine fiktive Biografie über den jungen Hauke Haien (Tod der Mutter…).*

❒ *Schreibt einen fiktiven Dialog, in dem sich zwei Söhne (Hans Mommsen und Hauke Haien) über ihre Väter unterhalten.*

3.2 ❒ Initiation und Emanzipation

Kapitel 2 (S. 14–26) sollte intensiv interpretiert werden. Dazu bieten sich zwei Aspekte an: Darstellungsweise und Zeitgestaltung sowie die Bedeutung der vermittelten Ereignisse für die Entwicklung Haukes.

Kapitel 2 ist für Haukes Entwicklung von entscheidender Bedeutung. Das lässt sich schon an der Darstellungsweise und der damit verbundenen Gewichtung ablesen. Das Kapitel gliedert sich in zwei Phasen. Die erste besteht im Wesentlichen aus berichtender Darstellung und umfasst einen Zeitraum von mehreren Monaten: von Ende Oktober (S. 14, Z. 23) bis zum Februar (S. 15, Z. 27). Der Schwerpunkt der Darstellung liegt auf der zweiten Phase. Sie wird von der ersten abgesetzt durch die zweite Unterbrechung des Erzählers (S. 17, Z. 30 – S. 18, Z. 17) und stellt ausführlich die Ereignisse eines einzigen Tages dar (S. 18, Z.18 – S. 26, Z. 25). Dieser wird aus dem Zeitfluss herausgehoben und in die Biografie Haukes eingeordnet. So teilt der Erzähler mit, dass Hauke „schon über ein Jahr lang eingesegnet“ war (S. 18, Z. 21). Das bevorstehende Ereignis wird angedeutet und zugleich in seiner Funktion für Haukes Leben herausgestellt: „da wurde es auf einmal anders mit ihm, und das kam von dem alten weißen Angorakater“ (S. 18, Z. 21–23).

❒ *Untersucht die 1. Phase von Kapitel 2 (S. 14, Z. 23 – S. 17, Z. 29) nach Zeitgestaltung und Darstellungsweise. (Zur Terminologie vgl. Arbeitsblatt 5)*

Die Auseinandersetzungen, die der Erzähler in der 2. Phase darstellt, werden als in sich geschlossene Szenen ausgeführt: Hauke und der Kater (S. 19, Z. 17 – S. 20, Z. 13), Trin' Jans und Hauke (S. 20, Z.14–34), Trin' Jans und Tede (S. 21, Z. 16 – S. 23, Z. 9), Tede und Hauke (S. 23, Z. 10 – S. 25, Z. 6), Hauke und Elke (S. 26, Z. 9–25).

Um die Atmosphäre, die von der Handlung ausgeht, nachzuempfinden, bietet es sich an, die Szenen vorab ganz oder vor dem jeweiligen Erarbeitungsschritt dialogisch lesen zu lassen. Sinnvoll ist es, den Text vor dem Vortrag entsprechend den Rollen mit unterschiedlichen Farben zu markieren.

❒ *Verteilt die Rollen und lest diese Szenen.*

Phase 1 enthält einen Hinweis darauf, dass Hauke nach wie vor von seiner Idee eines neuen Deiches erfüllt ist. Seine Beschäftigung damit hat inzwischen eine neue Stufe erreicht, die des Experiments (S. 15, Z. 12–19).

Phase 2 vermittelt zunächst die Kraftprobe zwischen Hauke und dem Kater. Der Junge entscheidet sie für sich und tötet das Tier, das für seine Besitzerin als das einzige Lebewesen, das ihr verblieben ist, und als Geschenk ihres verstorbenen Sohnes einen unschätzbaren Wert verkörpert.

❒ *Untersucht, wie der Erzähler die Auseinandersetzung zwischen Hauke und dem Kater (S. 19, Z. 17 – S. 20, Z. 13) gestaltet. Beschreibt zunächst den Aufbau und analysiert die verwendete Wortwahl. Wenn ihr eure Ergebnisse schriftlich festhaltet, achtet darauf, richtig zu zitieren (vgl. Arbeitsblatt 6: Richtig zitieren)*

„Als er heute […] heimging, trug er nur einen […] Vogel mit nach Hause, und der Kater mauzte wie gewöhnlich […]“ / „Aber Hauke wollte seine Beute […] diesmal nicht hergeben […]/[…] Hauke stand und sah ihn an, der Kater blieb mit erhobener Tatze stehen […]/ fühlte er mit einem Ruck sich die Jagdbeute entrissen und zugleich schlug eine scharfe Kralle ihm ins Fleisch./Ein Grimm […] flog dem jungen Menschen ins Blut; er griff […], würgte es […] nicht achtend, dass die starken Hintertatzen ihm den Arm zerfleischten./ […] wollen sehen, wer's von uns beiden am längsten aushält./Plötzlich fielen die Hinterbeine der Katze schlaff herunter, und Hauke […] warf sie gegen die Kate der Alten.“
Aktion und Reaktion wechseln bei ihrer Auseinandersetzung, die sich in sieben Phasen gliedert, einander ab. Bei ihrer Darstellung spielen adversative Konjunktionen dementsprechend eine Rolle: „Aber“ (S. 19, Z. 21), „Aber“ (S. 19, Z. 25), „Doch“ (S. 19, Z. 27). Die Wortwahl lässt im Einzelnen erkennen, dass diese Auseinandersetzung ein Kräftemessen ist. Dem Tier in seiner „Gier“ (S. 19, Z. 23) steht ein junger Mensch gegenüber, der in dieser Situation selbst zum Tier wird. Der Erzähler schreibt: „Ein Grimm, wie gleichfalls eines Raubtiers, flog dem jungen Menschen ins Blut; er griff wie rasend um sich [- - -]“ (S. 19, Z. 33 – S. 20, Z. 2). „Grimm“ ist ein Affekt, „rasen“ ist ein Verhalten, das sich der Kontrolle durch die Ratio entzieht.

Das Kräftemessen zwischen Hauke und dem Kater

Hauke und der Kater – der Aufbau der Szene

1. Ausgangslage: Hauke kommt mit Beute/der Kater mauzt.
2. Haukes Absicht: Heute mir/morgen dir.
3. Gespannte Erwartung: Beide stehen einander gegenüber.
4. Angriff des Katers: Er entreißt Hauke die Beute.
5. Haukes Reaktion: Er würgt den Kater/der zerfleischt seinen Arm.
6. Kräftemessen: Hauke will die Entscheidung, wer der Stärkere ist.
7. Endsituation: Der Kater ist tot/Hauke wirft ihn gegen die Kate.

} Hauke verliert zunehmend die Kontrolle

Im weiteren Verlauf der Handlung geht es um die Frage:

- ❒ *Welche Folgen hat die Tötung des Katers für Hauke?*
  (S. 21, Z. 4 – S. 25, Z. 2)

Tede „reguliert“ den Schaden, den sein Sohn angerichtet hat, den Schmerz der alten Frau kann er allerdings nicht aus der Welt schaffen. Das Ereignis veranlasst ihn zu einem Gespräch, das die Rollen der beiden neu „definiert“. Der Vater sieht seinen Sohn nicht länger als Kind an, sondern als einen „Herrn“, für zwei Herren aber sei die Kate zu klein – „es ist nun Zeit, du musst dir einen Dienst besorgen!“ (S. 23, Z. 28–29).

- ❒ *Wie verhält sich Tede gegenüber Trin' Jans, wie gegenüber seinem Sohn?*
- ❒ *Schreibt einen inneren Monolog Tedes, der der Auseinandersetzung mit seinem Sohn vorausgeht (S. 23, Z. 10–11)*
- ❒ *Arbeitet das Gespräch zwischen Vater und Sohn (S. 23, Z. 10 – S. 25, Z. 6) nach Art eines Regiebuches zu einer dramatischen Szene aus, probt und spielt sie.*

Das Gespräch zwischen Tede und Hauke

Rolle	Text	Regieanweisung
Hauke	Was ist denn das?	– Hauke sieht überrascht den Blutfleck
Tede	Das ist Blut, das du vergossen hast.	– empört...
...	....	....

Tötung eines Tieres und Anerkennung als Erwachsener, damit aber Abschied von der Kindheit, werden hier in einem Zusammenhang gesehen, und zwar, weil sie miteinander verbunden sind. Haukes Entlassung aus der Vormundschaft des Vaters kann mit dem aus der Antike überlieferten Vorgang der „Emanzipation“ verglichen werden. „Emanzipation“ bedeutet Freilassung des Sohnes aus der Vormundschaft des Vaters, also die Zuerkennung der Gleichberechtigung. Was ihr vorausgeht, kann in Analogie zu Vorgängen bei Naturvölkern als „Initiation“ bezeichnet werden. Das lateinische Wort „initium“ bedeutet „Anfang, Eingang, Ursprung“. Initiation ist Einführung in einen neuen Zustand, in einen neuen Lebensabschnitt, den des Erwachsenen. Dazu muss sich der junge Mann bei Naturvölkern bestimmten Riten unterziehen. Er muss beispielsweise Beute machen, also töten, um unter Beweis zu stellen, dass er sich selbst und eine Familie ernähren kann.

- ❒ *Betrachtet die Auseinandersetzungen zwischen Hauke und dem Kater und zwischen Hauke und Tede vor dem Hintergrund der komplementären Begriffe „Initiation“ und „Emanzipation“. (S. 23, Z. 10 – S. 25, Z. 6)*

Gegen Haukes Absicht, die beim Deichgrafen frei gewordene Stelle anzutreten, hat Tede offensichtlich nichts einzuwenden. Vielleicht ist sein Ausruf, Hauke solle einmal sein Glück versuchen (S. 25, Z.1–2), ernster gemeint, als es beiden im Augenblick bewusst wird.

❒ *Wie verhält sich Tede, als er von dem Plan seines Sohnes, Kleinknecht beim Deichgrafen zu werden, hört (S. 24, Z. 1–25).*

Die erste Begegnung zwischen Hauke und Elke kann mit folgendem Schreibauftrag aufgearbeitet werden.

❒ *Stellt euch vor, Elke führt ein Tagebuch, dem sie Begebenheiten und Erlebnisse anvertraut, über die sie mit ihrem Vater nicht sprechen kann oder möchte. Was könnte sie über die erste Begegnung mit Hauke eingetragen haben (S. 25, Z. 29–S. 26, Z. 25)?*

Vorschlag:

Heute Abend war Hauke Haien, der Sohn Tedes, bei uns. Ich sah ihn schon von weitem kommen, als er zu unserer Werfte hinaufstieg. Was der wohl bei uns wollte, fragte ich mich, versunken in den Anblick der untergehenden Sonne.
Nachdem er mich begrüßt hatte, fragte ich ihn frei heraus, und er antwortete, dass er bei uns Kleinknecht werden möchte, falls ich nichts dagegen hätte. Ich wies ihn darauf hin, dass er noch ein wenig schlanterig sei, fügte aber hinzu, zwei feste Augen dienten uns besser als zwei feste Arme. Ob er das wohl verstanden hat? Ich führte ihn dann ins Haus zu meinem Vater.
Es wäre mir sehr recht, wenn mein Vater ihn als Kleinknecht annähme! Hauke und ich sind ungefähr gleichaltrig. In ihm hätte ich vielleicht einen geeigneteren Gesprächspartner als in Ole, der sich überdies einbildet, ich würde ihn heiraten …

3.3 ❒ Hauke und Elke – Vom Kleinknecht zum Großknecht

Das Geschehen, das in den Kapiteln 4 bis 8 dargestellt wird, kann unter zwei Aspekten gesehen werden: dem Verhältnis zwischen dem Kleinknecht Hauke und dem Großknecht Ole Peters sowie der Beziehung zwischen Hauke und Elke. Beide Aspekte können in Aufgaben behandelt werden, die den Text kapitelübergreifend sowohl inhaltlich als auch strukturell erschließen.

❒ *Fasse den Inhalt der Kapitel 4 bis 8 (S. 29–49) zusammen.*

Ole will Hauke ausschalten. Er trägt ihm schwere Arbeiten auf, aber Elke weiß es einzurichten, dass Hauke vor dem Schlimmsten bewahrt bleibt; er soll ja auch dem Deichgrafen helfen: „[…] – sie waren beide geborene Rechner, und das Mädchen konnte ihren Kameraden in der groben Arbeit nicht verderben sehen" (S. 30, Z. 3–5). Ole sieht sich im Hintertreffen, wenn der Deichgraf durch Elke Hauke rufen lässt.
Seine Reaktion: „Hol der Teufel den verfluchten Schreiberknecht!" (S. 30, Z. 27–28). Später versucht er zunächst, ihn beim Eisboseln auszuschalten, dann tritt er als Kreteler nicht hinreichend für ihn ein. Als Elke ihn beim Tanz abweist, erkennt er, dass er dem Rivalen gegenüber keine Chance hat; deshalb kündigt er.

❒ *Wie entwickelt sich das Verhältnis zwischen Ole und Hauke, und welche Rolle spielt Elke dabei? (S. 29–46)*

❒ *Gestaltet eine Situation, in der Oles Wesen zum Ausdruck kommt. Textbezug: „[…] der Großknecht Ole Peters, ein tüchtiger Arbeiter und ein maulfertiger*

Geselle“ (S. 29, Z. 22–23). Arbeitet die Situation in Form eines Regiebuches aus (vgl. S. 35) und spielt sie.

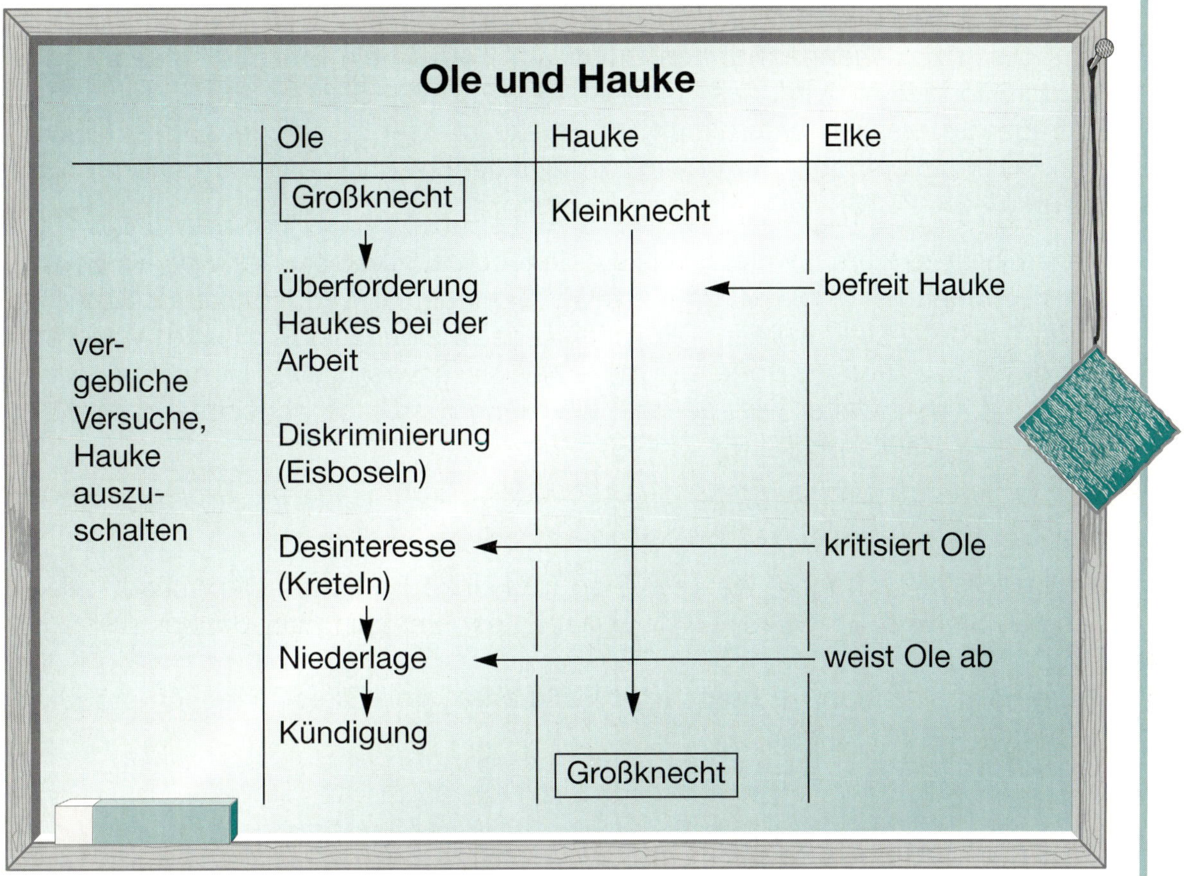

Im weiteren Verlauf geht es nun differenziert darum, wie sich die Beziehung zwischen Elke und Hauke entwickelt. Hauke und Elke kommen miteinander ins Gespräch, als der Deichgraf schläft, während Elke strickt und Hauke rechnet. Er erzählt ihr, was er am Deich beobachtet, und als der Deichgraf beim Erwachen einiges davon aufschnappt, erfährt er von Mängeln und Versäumnissen (S. 32, Z. 5 – S. 33, Z. 34).

❒ *Wie entwickelt sich die Beziehung zwischen Hauke und Elke? (S. 29 – S. 39; S. 45, Z. 31 – S. 46, Z. 31)*

Der Oberdeichgraf lobt den Deichgrafen; Elke teilt Hauke mit, dass der Oberdeichgraf „den Wirt gelobt“ hat (S. 35, Z. 26) und im weiteren Verlauf des Gesprächs interpretiert sie, was das bedeutet: „[…] du warst es ja doch eigentlich, den der Oberdeichgraf lobte!“ (S. 35, Z. 32–34). Diese Phase der Darstellung zeigt, dass die beiden einander näher kommen (S. 35, Z. 12– S. 36, Z. 18).

Im Hinblick auf die Entwicklung der Handlung ist auch zu fragen, welche Folgen Haukes Arbeit für ihn selbst hat.

Haukes Arbeit für den Deichgrafen hat zwei Seiten: Einerseits wirkt er dem Schlendrian, der eingerissen ist, entgegen, und das verschafft nicht nur dem Deichgrafen Anerkennung, sondern auch ihm selbst, und einige sehen in ihm einen geeigneten Kandidaten für das Amt des Deichgrafen, dem lediglich der notwendige Besitz fehlt. Andererseits entwickelt sich im Dorf eine Opposition gegen ihn, und diese wird von Ole geschürt (S. 34, Z. 4–26).

❒ *Welche Folgen hat Haukes Arbeit für den Deichgrafen, welche für ihn selbst (S. 29–39)?*

❒ *Stellt Meinungen über Hauke und seine Arbeit in Form eines Gesprächs dar, das im Wirtshaus stattgefunden haben könnte. Schreibt auch dieses Gespräch in Form eines Regiebuches auf und spielt es.*

Hinweise zur weiteren Entwicklung des Geschehens: Kapitel 6 greift im (vielleicht symbolisch zu sehenden) dritten Dienstjahr Haukes ein Ereignis heraus, das in Kapitel 7 fortgeführt wird: das Eisboseln (S. 36, Z. 19 – S. 37, Z. 26; S. 39, Z. 27f.). Zu fragen ist, was Ole unternimmt, um Hauke von der Teilnahme auszuschließen. Sein diskriminierendes „Argument": „Kleinknechte und Jungens gehören nicht dazu!" (S. 38, Z. 10)

Weiterhin ist zu klären, weshalb Hauke dennoch aufgestellt wird. Was als Bericht eines Horchenden (S. 38, Z. 24 – S. 39, Z. 8) mitgeteilt wird, könnte als Szene im Wirtshaus dargestellt werden: Die „öffentliche" Meinung ist für Hauke. Man fragt, wer der erste Mann im Dorfe sei und erhält als Antwort: „Das ist doch wohl der Deichgraf!" Und weiter wird gefragt, wer denn der Deichgraf sei. Und damit ist der Weg für Hauke frei (S. 39. Z. 1–6).

❒ *„Kleinknechte und Jungens gehören nicht dazu!" Spielt die Szene, in der es um Haukes Teilnahme geht (S. 37, Z. 24 – S. 39, Z. 5).*

Schließlich ist zu fragen, was der Sieg für Hauke bedeutet. Die Antwort ergibt sich aus S. 45, Z. 31–S. 46, Z. 31: Er hat Elkes Zuneigung gewonnen.

Diese Erkenntnis kann in Form einer Fortführung von Elkes Tagebuch produktiv weiterverarbeitet werden:

Ich bin stolz auf Hauke. Er hat das Spiel gewonnen! Und ich glaube, er hat für mich geworfen. Als wir am Abend gemeinsam nach Hause gingen, Hand in Hand, funkelten die Sterne, der Ostwind brachte strenge Kälte, wir aber spürten sie kaum, obwohl wir nur leicht bekleidet waren. Mir – und auch ihm – kam es vor, als habe der Frühling begonnen …

Richtig zitieren

Wenn man einen Text bearbeiten will und z. B. eine Charakterisierung verfasst, ist es sinnvoll, mit dem Wortmaterial der Textvorlage zu arbeiten und Zitate zu verwenden, mit denen Aussagen belegt werden.
Dabei gibt es unterschiedliche Möglichkeiten. In jedem Fall sollte in Klammern hinter dem zitierten Ausdruck oder Satz die Fundstelle angegeben werden.

1. Zitate mit hinweisendem Begleitsatz

Steht vor, innerhalb oder hinter dem Zitat ein hinweisender Begleitsatz, erfolgt die Kennzeichnung wie bei der wörtlichen Rede. Das gilt vor allem für den Fall, dass ganze Sätze zitiert werden.

- *Nach seiner zweiten Unterbrechung gibt der Erzähler mit folgendem Satz einen Hinweis auf Haukes Entwicklung: „So für sich, und am liebsten nur mit Wind und Wasser und mit den Bildern der Einsamkeit verkehrend, wuchs Hauke zu einem langen, hageren Burschen auf“ (S. 18, Z. 18–21).*
- *„So für sich, und am liebsten nur mit Wind und Wasser und mit den Bildern der Einsamkeit verkehrend, wuchs Hauke zu einem langen, hageren Burschen auf“ (S. 18, Z. 18–21), merkt der Erzähler nach der zweiten Unterbrechung an.*
- *„So für sich, und am liebsten nur mit Wind und Wasser und mit den Bildern der Einsamkeit verkehrend, wuchs Hauke zu einem langen, hageren Burschen auf“ (S. 18, Z. 18–21). Mit diesem Hinweis auf Haukes Entwicklung führt der Erzähler seine Geschichte nach der zweiten Unterbrechung fort.*
- *„So für sich, und am liebsten nur mit Wind und Wasser und mit den Bildern der Einsamkeit verkehrend“, fährt der Erzähler nach der zweiten Unterbrechung in seiner Darstellung fort, „wuchs Hauke zu einem langen, hageren Burschen auf“ (S. 18, Z. 18–21).*

2. Eingebaute Zitate

Elegant kann es oft sein, wenn Zitate in den eigenen Satzbau eingefügt werden. Der Doppelpunkt entfällt dann.
- *Der Reisende betont, er werde „nicht schläfrig“, wenn er Hauke „auf seinem Lebensweg“ begleite (S. 53, Z. 3f.).*

3. Auch das ist wichtig

Manchmal erfordert es der eigene Satzbau, die Endungen zitierter Wörter zu verändern. In diesem Fall werden die geänderten Wortendungen in eckige Klammern gesetzt.
- *Elke bezeichnet Haukes Vater als „klügste[n] Mann im Dorf“ (S. 37, Z. 17).*

Wenn nur Teile eines zitierten Satzes wiedergegeben werden, werden die Auslassungen durch drei Punkte in eckigen Klammern gekennzeichnet.
- *„In der Mitte des vorigen Jahrhunderts, [...], gab es einen Deichgrafen, der von Deich- und Sielsachen mehr verstand, als Bauern und Hofbesitzer sonst zu verstehen pflegen“ (S. 10, Z. 25–29).*

Eine wörtliche Rede oder ein Zitat im Zitat werden durch halbe Anführungszeichen kenntlich gemacht.
- *„Seine Frau sah ihn sorgenvoll an: ‚Was willst du dort? Es wird schon Abend, Hauke‘“ (S. 112, Z. 11–12).*

Bezieht sich der Schreiber oder die Schreiberin unmittelbar auf eine bestimmte Textstelle, die jedoch nicht wörtlich übernommen wird, wird dieses mit „vgl. S. ..., Z. ...“ gekennzeichnet.
- *Wohl nicht in vollem Ernst weist Elke ihren Mann auf den Aberglauben hin, der Damm könne nur halten, wenn „was Lebigs“ – etwas Lebendiges – mit verbaut werde (S. 67, Z. 2–3).*

3.4 ❐ Der Tod der Väter

Der weitere Aufstieg Haukes erfolgt zügig. Nach Oles Heirat mit Vollina Harders wird er Großknecht (Kapitel 8). Als sein Vater stirbt, muss er sein Erbe antreten (Kapitel 9), das sich nach dem Tode der alten Antje Wohlers um deren Besitz vermehrt. Wieder taucht sein Ziel auf, Deichgraf zu werden. Sein Vater hat es auf dem Sterbebett wiederholt: „Als du, noch ein halber Junge, zu dem Deichgrafen in Dienst gingst, da lag's in deinem Kopf, das selbst einmal zu werden. Das hatte mich angesteckt, und ich dachte auch allmählich, du seiest der rechte Mann dazu. Aber dein Erbe war für solch ein Amt zu klein – ich habe während deiner Dienstzeit knapp gelebt – ich dacht es zu vermehren" (S. 49, Z. 17–24).
Im Bericht des auktorialen Erzählers heißt es: „Aber seit dem Tode oder, richtiger, seit den letzten Worten seines Vaters war in ihm etwas aufgewachsen, dessen Keim er schon seit seiner Knabenzeit in sich getragen hatte; er wiederholte es sich mehr als zu oft, er sei der rechte Mann, wenn's einen neuen Deichgrafen geben müsse" (S. 53, Z. 12–17). Ihm wird klar, dass sein Vater dieses Wort „wie eine letzte Gabe seinem Erbe beigelegt hatte" (S. 53, Z. 19–20). Er interpretiert das Wort seines Vaters, er sei „der rechte Mann", als dessen letzten Willen, als sein Vermächtnis. In der wohlersschen Fenne sieht er ein Mittel. Sein Plan wird deutlich, wenn er sich sagt, sie solle „den ersten Trittstein zu dieser Höhe bilden" (S. 53, Z. 21–22). Es würde aber nicht reichen, und im Dorfe hatte er keinen Rückhalt, während sein Rivale Ole „ein wohlhabender Mann" zu werden begann (S. 53, Z. 35). Der Erzähler vermittelt Innenperspektive, wenn er mitteilt, wie Hauke die anderen sieht und was er dabei empfindet: „Groll" hegt er gegenüber denen, von denen er glaubt, „sie wollten ihn vom Amte drängen, zu dem von allen nur er berufen war" (S. 53, Z. 38 – S. 54, Z.1). Außer seinem Ehrgeiz werden also auch negative Züge seines Wesens deutlich: „Und die Gedanken ließen ihn nicht; sie waren immer wieder da, und so wuchsen in seinem jungen Herzen neben der Ehrenhaftigkeit und Liebe auch die Ehrsucht und der Hass" (S. 54, Z. 1–4). Indem er diese beiden negativen Gefühle auch vor Elke verbirgt, ist der Keim der Entfremdung bereits vor der heimlichen Verlobung mit ihr gelegt.

❐ *„Vom Jungen zum Deichgrafen" – Stellt Haukes Laufbahn – seine „Karriere" – im Überblick dar (S. 29–49; S. 49–61).*

Das Ergebnis kann im Tafelbild festgehalten werden (vgl. S. 41).

❐ *Schreibt einen inneren Monolog, in dem Hauke seine Situation selbst darstellt (S. 49–51, 53–54).*

❐ *Wie könnte Elke ihr Tagebuch nach der Verlobung fortgeführt haben? (S. 54–55)*
Heute haben wir uns heimlich verlobt ...

Kapitel 9 stellt Tedes Tod dar, Kapitel 10 vermittelt Haukes äußere und innere Situation, Kapitel 11 handelt vom Tode des alten und der Wahl des neuen Deichgrafen. In der Zeitgestaltung des Geschehens folgt dann eine längere Pause. Wenn Kapitel 12 einsetzt, sind Jahre seit den in Kapitel 11 erzählten Ereignissen vergangen. Die Novelle weist damit einen deutlichen Einschnitt auf, der sie in zwei ungefähr gleich lange Teile gliedert; zwischen ihnen liegt ein zeitlicher Sprung von „mehreren Jahren" (S. 61, Z. 26). Der erste Teil umfasst die Kapitel 1 bis 11, der zweite die Kapitel 12 bis 22. Jener stellt Haukes Jugendentwicklung dar, dieser sein Wirken als Deichgraf. Damit ergibt sich das Profil einer Biografie mit ausführlicher Jugendgeschichte. Diese Bezeichnung wird auch durch eine Bemerkung des Reisenden nahe gelegt: „[...] ich werde nicht schläfrig, wenn ich ihren Hauke auf seinem Lebensweg begleite" (S. 53, Z. 3–5). Diese Biografie gilt es im Folgenden anhand des Textes von Reimer Kay Holander nachzuvollziehen (Textausgabe S. 137, Z. 1–19).

- *Der Stormforscher Reimer Kay Holander hat einen „fiktiven Lebenslauf“ Haukes aufgestellt (Textausgabe S. 137, Z. 1–19). Formt ihn um in einen tabellarischen Lebenslauf.*

Tabellarischer Lebenslauf Hauke Haiens	
1715	Geburt
…	…
…	…

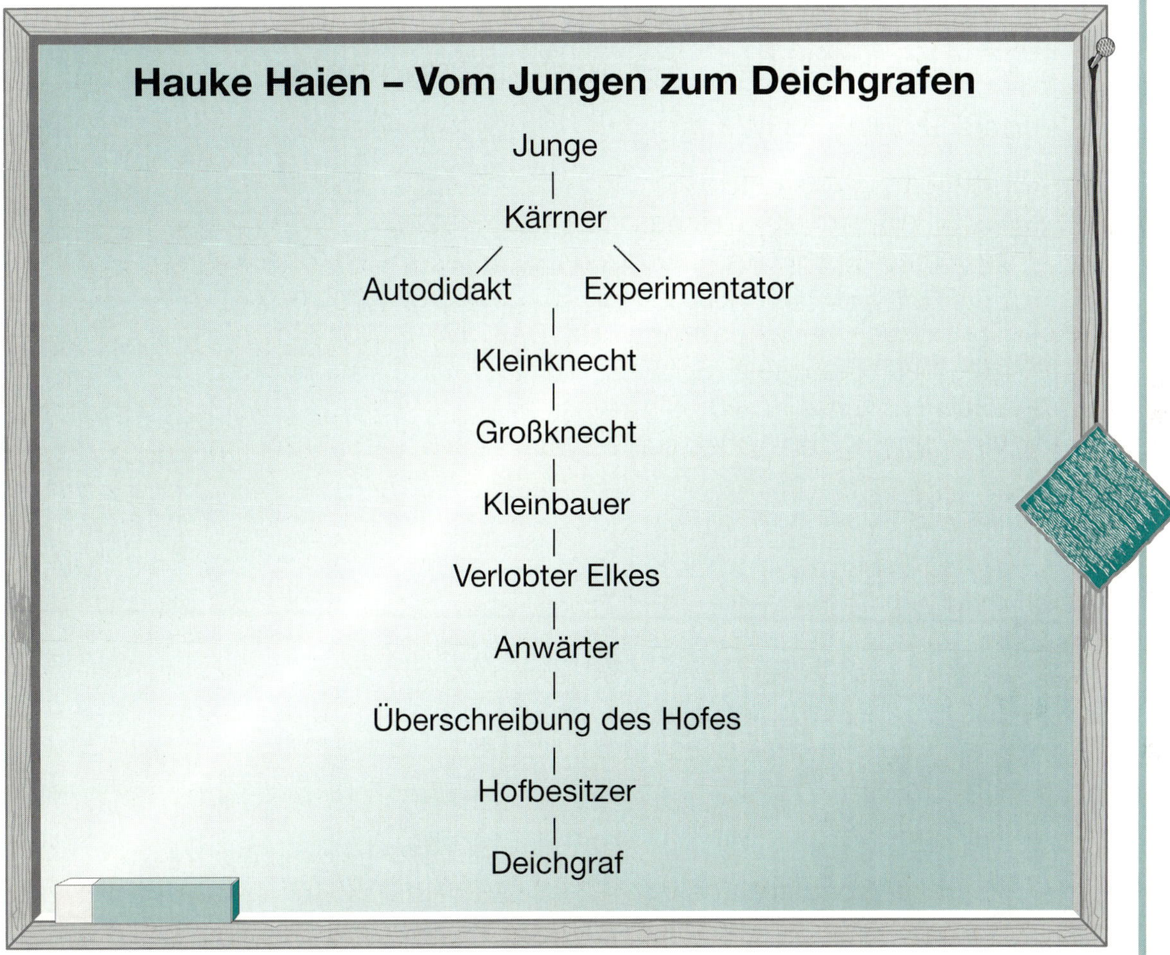

Die Klärung der Frage, ob Storms Darstellung von Haukes Jugend als Entwicklungsroman zu bezeichnen ist, kann über eine weitergeführte Charakterisierung vorbereitet werden. Dabei zeigt sich, dass seine Anlagen in der Auseinandersetzung mit der Umwelt zur Entfaltung kommen und dass seine Entwicklung auf ein Ziel hinausläuft: das Deichgrafenamt (Kapitel 1–11).

Zunächst ist festzustellen, dass Hauke ohne Mutter aufgewachsen ist. Diesem Umstand wird Bedeutung für menschliche Defizite zuzuschreiben sein (Rohheit gegenüber Trin' Jans, Schweigen gegenüber Elke …).
Die Erziehung erfolgt durch den Vater, der als klügster Mann im Dorfe gilt. Er dient ihm als Vorbild und als Anreger.
Von seinen Altersgenossen hält er sich fern. Das Einzelkind ist auch ein Einzelgänger.
Er ist ein Visionär: Aus der Anschauung der Wirklichkeit gewinnt er ein Bild, wie sie anders und besser sein könnte. So hat er die Idee eines neuen Deiches mit flacherem Profil.

Er ist jähzornig, wie sein Kräftemessen mit dem Kater zeigt. Er besitzt Ehrgeiz und vermag seine Kraft zu konzentrieren. Das tritt beim Eisboseln in Erscheinung. Gegen seine (vermeintlichen) Widersacher entwickelt er Groll.

Nach Behandlung von Arbeitsblatt 7 (S. 43) kann folgende Aufgabe gestellt werden:

❐ *Stellt Haukes Jugendentwicklung stichwortartig als „Entwicklungsroman" dar. Was entspricht nicht dieser Gattung?*

Die Ergebnisse können anschließend im Unterrichtsgespräch gesammelt und gegebenenfalls auf Folie gesichert werden.

Haukes „Entwicklungsprozess"

Innere Entwicklung:

- Erarbeitung des Euklid (S. 11, Z. 12 – S. 12, Z. 10)
- Vision eines neuen Deiches (S. 13, Z. 17–24)
- Experimente mit Deichmodellen (S. 15, Z. 12–19)
- Wille zur Selbstbehauptung (S. 16, Z. 25 – S. 17, Z. 15)
- Durchbruch seines Jähzorns (S. 19, Z. 17 – S. 20, Z. 13)
- Sieg beim Eisboseln (S. 43, Z. 35)
- „Gewinn" Elkes (S. 46, Z. 10–31)
- Verarbeitung des Todes seines Vaters (S. 53, Z. 10–24)

Äußere Entwicklung:

- Junge (Halbwaise)
- Kärrner
- Kleinknecht
- Großknecht
- Bauer und Hofbesitzer
- Deichgraf

Auseinandersetzung mit Einflüssen der Umwelt:

- Abrücken von den Arbeitern (S. 12, Z. 30–33)
- Trotz gegenüber dem Vater (S. 13, Z. 25–34)
- Brutalität gegenüber Trin' Jans (S. 20, Z. 32–34)
- Selbstbehauptung gegenüber Ole (S. 43, Z.1–S. 44, Z. 2)
- Entwicklung von Groll gegen andere (S. 53, Z. 38)
- Herausbildung von Ehrsucht und Hass neben Ehrenhaftigkeit und Liebe (S. 54, Z. 1–4)

Den Abschluss der Erarbeitung kann nun eine zusammenfassende Charakterisierung Hauke Haiens bis zu seinem Amt als Deichgraf bilden. Dabei ergeben sich zwei Möglichkeiten:

❐ *Verfasst in einem sachlich informierenden Text eine Charakterisierung Hauke Haiens. Berücksichtigt dabei die „Tipps und Techniken" (Textausgabe S. 170–171).*

❐ *Schreibt aus der Sicht eines Zeitgenossen auf, wer Hauke Haien war, was sein Leben geprägt hat und wie es dazu gekommen ist, dass er Deichgraf wurde.*

Haukes Jugendgeschichte – Ein „Entwicklungsroman"?

„Während der locker gefügte erste Teil dem Erzählprofil eines Entwicklungsromans gleicht, hält der dramatisch gespannte Kompositionsstil des zweiten Teils an der strengen Kunstform der Novelle fest".

(Kindlers Neues Literatur Lexikon. Band 16, München 1991, S. 35)

Entwicklungsroman: „Grundform des Romanes, schildert die innere und äußere Entwicklung eines Menschen, den Reifeprozess seiner Persönlichkeit in ständiger Auseinandersetzung mit den Einflüssen seiner Umwelt; in der erreichten Stufe der ‚Vollkommenheit' spiegelt sich das (Persönlichkeits-)Ideal des Dichters oder seiner Zeit."

(Otto F. Best: Handbuch literarischer Fachbegriffe. Definitionen und Beispiele. Frankfurt a.M. 1986, S. 132).

❒ *Prüft den ersten Teil des Zitates aus Kindlers Neuem Literaturlexikon anhand der Definition, die Best von einem Entwicklungsroman gibt, und schreibt zu den Aspekten entsprechende Stichworte auf.*

1. *Innere Entwicklung Haukes:*

Frage nach dem Warum

....

....

....

....

2. *Äußere Entwicklung Haukes:*

Junge (Halbwaise)

....

....

....

....

3. *Auseinandersetzung mit Einflüssen der Umwelt:*

rückt in den Pausen von den Arbeitern ab

....

....

....

....

Baustein 4 Hauke als Deichgraf

4.1 ❒ Das neue Deichprofil – Der Erfinder als Kunstfigur

Der 1. Teil der Novelle (Kapitel 1–11) schafft die Voraussetzungen für den 2. Teil (Kapitel 12–22): Beide Teile sind nicht nur durch die Identität der Hauptpersonen, sondern auch durch Verknüpfungen motivlicher Art miteinander verbunden. So wird die Idee eines neuen Deiches mit flacherem Profil, aber auch die Möglichkeit, dass Hauke einmal Deichgraf werden könnte, bereits im ersten Teil antizipiert.

❒ *Stellt fest, wo die beiden Motive (der neue Deich und Hauke als Deichgraf) im Text vorkommen.*

Das neue Deichprofil:
Hauke hat schon sehr früh die Vision eines neuen Deiches: „[...] oder zeichnete, ohne aufzusehen, mit der Hand eine weiche Linie in die Luft, als ob er dem Deich damit einen sanfteren Abfall geben wollte“ (S. 13, Z. 17–20, S. 14, Z. 3–4, S. 64, Z. 30 – S. 65, Z. 2; S. 81, Z. 3–7; S. 82, Z. 25–31).

Der künftige Deichgraf:
Dieses Motiv tritt im Zusammenhang mit dem des Deichprofils auf. Tede bringt es, ironisch, ins Gespräch, nachdem Hauke sich abfällig über die bestehenden Deiche geäußert hat.
‚Nun, [...], du kannst es ja vielleicht zum Deichgraf bringen; dann mach sie anders!‘ (S. 14, Z. 16–18; S. 34, Z. 22–25; S. 39, Z. 1–6; S. 49, Z. 16–24; S. 53, Z. 16–17)

❒ *Wie kommt das Projekt eines neuen Deiches mit flacherem Profil zustande?*

Schon als Junge hat Hauke die Vision eines Deiches mit flacherem Profil, aber es bedarf eines Anstoßes von außen, um ihn zu veranlassen, den Deich zu bauen, als er (eine symbolische Zahl?) sieben Jahre im Amt ist. Der Erzähler sagt präludierend, dass ein „störendes Wort in Umlauf“ gekommen sei (S. 62, Z. 11).
Es stammt von Haukes altem Rivalen Ole Peters und lautet: „[...]; der alte wurde Deichgraf von seines Vaters, der neue von seines Weibes wegen“ (S. 62, Z. 12–13).
Zu seiner Frau sagt Hauke: „Du sollst mich nicht umsonst zum Deichgrafen gemacht haben, Elke; ich will ihnen zeigen, dass ich einer bin“ (S. 67, Z. 20–22).
Hauke handelt bei der Verwirklichung seines Planes also aus Trotz; er will den anderen zeigen, dass er sein Amt aufgrund seiner Fähigkeiten verdient hat. Zur Rechtfertigung seines Vorhabens beruft er sich aber auch auf seine Verantwortung. Er will den Deich bauen, den schon sein Vorgänger hätte bauen sollen. Beides vermischt sich in seiner an Ole gerichteten Rede vor Beginn der Arbeiten (S. 86, Z. 6–25).

❒ *Im Anschluss an Haukes Antwort an Ole heißt es: „Von einem kleinen Teil der versammelten Männer ging ein Beifallsmurmeln aus“ (S. 86, Z. 26–27). Gestaltet eine Szene im Gasthof, in der Befürworter und Gegner von Haukes Plan ihre Meinung in einer hitzigen Debatte äußern (S. 84, Z. 34–*

S. 86, Z. 29). Schreibt die Szene in Form eines Regiebuches auf und spielt sie.

- ❐ *Gestaltet einen inneren Monolog, in dem Hauke das Treffen mit den Anteilbesitzern im Kirchspielkrug verarbeitet (S. 84, Z. 34–S. 86, Z. 35).*

Obwohl Hauke Elke nur selten ins Vertrauen zieht, dürfte sie von der Besprechung im Krug Kenntnis haben. Hauke mag einiges angedeutet haben, anderes wird sie im Dorf gehört haben. Da es wiederum nicht zu einem ausführlichen Gespräch zwischen ihr und Hauke kommt, bleibt ihr nur das Tagebuch als monologische Form der Bewältigung ihrer Sorgen.

- ❐ *Was könnte Elke nach der Besprechung im Krug in ihr Tagebuch eingetragen haben?*

  Hauke kam nach der Versammlung erst spät nach Hause. Anstatt zu Bett zu gehen, setzte er sich zunächst an seinen Tisch um zu arbeiten. Am anderen Morgen lagen die Skizzen und Karten noch da. Hat er noch einmal Berechnungen angestellt?...

Reimer Kay Holander, dem die vorliegende Ausgabe Auskunft in einigen Sachfragen verdankt, hat dargelegt, dass Hauke nicht mit einer bestimmten historischen Figur zu identifizieren ist, sondern dass Züge mehrerer Persönlichkeiten in ihn eingegangen sind. Man kann Hauke daher als *Fiktion* oder *Kunstfigur* bezeichnen. Welche Züge Hauke mit Hans Mommsen von Fahretoft (1735–1811) teilt, ist bereits dargelegt worden (Baustein 3.1 S. 31ff.).

Einen weiteren Vorläufer hat Holander in dem Deichgrafen Johann Iwersen-Schmidt sen. (1798–1875) namhaft gemacht. Von diesem entlehnte Storm Züge des Verhaltens. Der Deichgraf habe zu seiner Zeit durch Mut und energisches Eingreifen zur Deicherhaltung beigetragen. Ähnliches Verhalten tritt im herrischen Gebaren Haukes gegenüber den Arbeitern, die den Deich bauen, in Erscheinung (Textausgabe S. 142, Z. 23 – S. 143, Z. 23).

Was Mommsen und Iwersen-Schmidt zur Figur des Schimmelreiters beigetragen haben, sind – nach Holanders Worten – „Details“, mehr nicht. „Bleibt die Sache mit dem neuen Deichprofil“ (S. 144, Z. 1). Hier sind zwei Persönlichkeiten zu nennen: Desmerciere und Rolweghen. Jean Henri Desmerciere (1687–1778) hat das neue Profil beim Deichbau zwar verwendet, erfunden hat er es aber nicht: „er hat nur aufgegriffen und realisiert, was andere vor ihm schon wussten“ (Textausgabe S. 144, Z. 1–S. 145, Z. 35).
Bereits anderthalb Jahrhunderte zuvor verwendete der Niederländer Rolweghen (1564–1621/24) das moderne Deichprofil. Ob er es erfunden hat, ist ungeklärt (Textausgabe S. 146, Z. 1 – S. 148, Z. 12).

- ❐ *„Wer war der ‚Schimmelreiter‘?“ Lest den Text von Reimer Kay Holander (Textausgabe S. 135–148) sorgfältig durch und listet die wichtigsten Informationen stichwortartig auf. Achtet besonders auf Angaben zur Entwicklung des Deichprofils.*

Wer war der „Schimmelreiter"?

„Vorläufer" des Deichgrafen Hauke Haien:

Johann Iwersen-Schmidt sen. (1798–1875):
- war ein energischer Mann
- Deicherhaltung war schwierig
- ertrank, als sein Schimmel scheute

Jean Henri Desmerciere (1687–1778):
- verwendete das moderne Deichprofil
- erwarb den Oktroy für das Bredstedter Vorland
- bedeichte drei Köge
- war ein Finanzgenie
- dachte praktisch
- verwirklichte seine Vorhaben klug

Jan Claasz Rolweghen (1564–1621/24):
- erbaute einen Deich mit abgeflachtem Profil (1610)
- verwendete Schubkarren
- seine Identität ist ungeklärt
- Rolweghen/Rollwagen: Familienname oder Beiname?
- war Günstling des calvinistischen Herzogs von Gottorf

→ Hauke Haien – Eine literarische Kunstfigur

- *Verfasst einen Lexikonartikel über die Figur des Schimmelreiters und seine Vorläufer.*
- *Überlegt, wir ihr – in Kooperation mit dem Fach Physik – Versuche zum Deichprofil durchführen könnt. Vergleicht dazu Haukes Experimente (S. 15, Z. 23–19). Gegebenenfalls könnt ihr auch ein Modell basteln.*
- *Erläutert anhand der folgenden Darstellung die Entwicklung des Deichprofils in Nordfriesland: „Friedrich-Wilhelm-Lübke-Koog – vom Watt zum Marschland".*

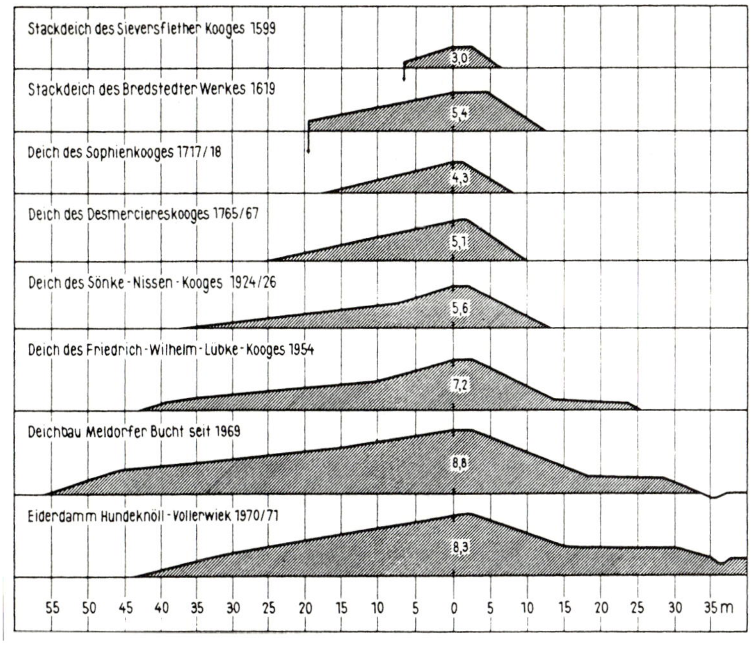

Aus: Topographischer Atlas Schleswig-Holstein und Hamburg. 4. Aufl., Neumünster 1979, S. 188

4.2 ❒ Ein Wort und seine Wirkung

Schon in seiner frühen Jugend hat Hauke die Vision eines Deiches mit flacherem Profil, das den Wellen weniger Angriffspunkte bietet als die konventionellen Deiche mit „steilem" Profil (Baustein 3). Aber erst nach langer „Latenzzeit" wird die Idee eines Tages virulent. Auslösender Faktor ist eine Bemerkung seines alten Widersachers Ole Peters (S. 62, Z. 35–S. 63, Z. 2; auch S. 86, Z. 6–25). Hauke nimmt das Wort zum Anlass, seine Idee zu verwirklichen. „[...] wäre jemand neben ihm gegangen, er hätte es sehen müssen, welche eindringliche Geistesarbeit hinter diesen Augen vorging" (S. 64, Z. 6–8).

❒ *Vollzieht diese „Geistesarbeit" in einem inneren Monolog nach.*

Das Vorland könnte in ganz anderer Weise genutzt werden. Ja, hier liegt meine große Chance! Durch den Bau eines neuen Deiches könnte ich ihnen zeigen, dass ich zu Recht Deichgraf bin. Aber der Priel...

❒ *In einem längeren Gespräch vertraut er seine Absicht Elke an (S. 65, Z. 37–S. 67, Z. 29).*
Lest die Szene mit verteilten Rollen und spielt sie.

❒ *Untersucht, wie sich das Gespräch zwischen Elke und Hauke entwickelt. Achtet darauf, welche Absicht Elke und welche Hauke verfolgt.*

Die Ergebnisse könnten im folgenden Tafelbild/Folientext zusammengefasst werden:

Disput über den Plan eines neuen Deiches

	Elke	Hauke
	offensiv:	defensiv:
Absicht:	den Plan in Frage stellen	den Plan verteidigen
Aspekte:	Mut	ist vorhanden
	Werk auf Tod und Leben	ist bedacht
	Priel	ist nur ein Vorwand
	Aberglaube	ist keine Gefahr
	Kosten	sind kalkuliert
		eigentlicher Grund: Ehrgeiz
	↓	↓
Fazit →	das Ziel nicht erreicht	den Plan nicht aufgegeben

❒ *Prüft Haukes Argumente auf ihre Stichhaltigkeit.*

Durch folgenden Auftrag kann die Erarbeitung produktiv fortgesetzt werden:

❒ *Führt Elkes Tagebuch durch einen Eintrag fort, in dem sie sich wegen des Deichprojekts Sorgen um Hauke macht.*

Seit heute weiß ich, was Haukes Schweigen bedeutet. Er trägt sich mit dem Plan eines neuen Deiches. Vergeblich habe ich versucht, ihn davon abzubringen. Auf die größten Probleme habe ich ihn hingewiesen. Aber er zeigte sich uneinsichtig und ging gar nicht auf meine Einwände ein …

Im Gespräch zwischen Hauke und Elke sind antizipierende Motive enthalten: Hauke erinnert sich später an Elkes Hinweis auf Gegnerschaft und Undank: „Hatte denn Elke Recht, dass sie alle gegen mich sind?“ (S. 88, Z. 26–27).

Die Frage von Dank und Undank wird auch von Jewe Manners angesprochen: „[…] und wolltet ihr ihm selbst nicht danken, euere Enkel werden ihm den Ehrenkranz doch einstens nicht versagen können!“ (S. 82, Z. 29–31).

Dieses Wort wird am Ende vom Schulmeister aufgegriffen: „Der Dank, den einstmals Jewe Manners bei den Enkeln seinem Erbauer versprochen hatte, ist, wie Sie gesehen haben, ausgeblieben […]“ (S. 129, Z. 11–13).

Elkes Hinweis auf die Schwierigkeit mit dem Priel und den Aberglauben des Deichopfers wird beim Bau Bestätigung finden. Hauke rettet den Hund, den die Arbeiter eingraben wollen (S. 95, Z. 35– S. 98, Z. 14), er muss sich in fast wörtlicher Wiederholung der Worte Elkes von einem Arbeiter sagen lassen: „[…] soll euer Deich sich halten, so muss was Lebigs hinein!“ (S. 97, Z. 1–12). Zum Priel vgl. auch S. 111, Z. 9–11!

❐ *Im Gespräch zwischen Hauke und Elke sind Vorausdeutungen enthalten. Sucht Stellen innerhalb der Handlung, auf die sie sich beziehen könnten.*

❐ *Es ist möglich, dass sich Elke in ihrer Sorge um Hauke ihrem Paten Jewe Manners anvertraut. Welches Gespräch könnte zwischen den beiden stattgefunden haben?*

❐ *Es ist denkbar, dass Hauke nach seinem Gespräch mit Elke einen inneren Monolog führt. Wie könnte dieser eurer Meinung nach ablaufen?*

Muss ich Elke nicht Recht geben? Vielleicht sehe ich alles zu optimistisch …

4.3 ❐ Verantwortung oder Profitdenken?

Die Versammlung der Deichgevollmächtigten (S. 80, Z. 35 – S. 84, Z. 9)

Als die Einladung erfolgt, liegt der „Befehl" zur Eindeichung bereits vor. Die Betroffenen sollen nur informiert werden, ein Mitspracherecht haben sie nicht. Nach einigen Unmutsäußerungen seitens der Geladenen gibt Hauke einen Hinweis grundsätzlicher Art, in der sowohl die Schutzfunktion als auch die Nutzfunktion des neuen Deiches zur Sprache kommt: „Der neue Deich aber soll trotz solcher [Fluten] hundert und aber hundert Jahre stehen; denn er wird nicht durchbrochen werden, weil der milde Abfall nach der Seeseite den Wellen keinen Angriffspunkt entgegenstellt, und so werdet ihr für euch und euere Kinder ein sicheres Land gewinnen" (S. 81, Z. 38 – S. 82, Z. 5). Nach dem Plädoyer von Jewe Manners weist Hauke darauf hin, dass der neue Deich „als ein Ding, das nun nicht mehr zu ändern steht", anzusehen sei, sodass der Versammlung nur noch eins bleibt: der Beschluss. Im weiteren Verlauf der Aussprache erläutert Hauke den Plan und bespricht mit den Anwesenden Fragen der Durchführung.

❐ *Lest die Szene mit verteilten Rollen (S. 80, Z. 35 – S. 84, Z. 9). Ihr könnt auch versuchen sie zu spielen.*

❐ *Warum will Hauke einen neuen Deich bauen?*

Haupttriebfeder ist sein Trotz. Er will den anderen zeigen, dass er zu Recht Deichgraf ist. Es gibt aber weitere Gründe: Verantwortung und Profitdenken. Diese beiden sind eng mit der Sache selbst verbunden: Der Deich schützt das Dorf und er bringt den Anteilseignern neues Land. Den Gedanken der Verantwortung äußert er wiederholt (S. 114, Z. 26–28).

Die Erarbeitung kann in folgender Weise produktiv weitergeführt werden:

❐ *Verfasst einen Zeitungsbericht über die Versammlung.*

❐ *Schreibt Kommentare aus der Sicht eines Befürworters und eines Gegners des Projekts.*

Deichbau ist eine Aufgabe aller, weil das Meer alle in gleicher Weise bedroht. Folglich hätte Hauke versuchen müssen, die Deichgevollmächtigten und darüber hinaus das ganze Dorf für sein Projekt zu gewinnen. Statt dessen ließ er es auf Konfrontation ankommen und setzte den Plan mit Hilfe der Obrigkeit durch. Warum hat er nicht versucht, sein Werk zum Werke aller zu machen, um es in demokratischer Solidarität verwirklichen zu lassen? …

❐ *Äußert eure Meinung zu dem Deichprojekt in Leserbriefen.*

❐ *Auch Prestigedenken tritt bei Hauke als Triebfeder in Erscheinung. In heutiger Ausdrucksweise: Es geht ihm um „Selbstverwirklichung". Sprecht über diesen Aspekt (S. 98, Z. 18 – S. 100, Z. 11).*

- ❒ *Ein Aspekt, dem neuere Forschung starke Beachtung widmet, ist Haukes Profitstreben. Kann man bei ihm von einer Unternehmermentalität sprechen? Prüft diese Frage (S. 65, Z. 6–36, S. 75, Z. 39–S. 76, Z. 26).*
- ❒ *„Das Verhör des Hauke Haien" – Der Deichgraf wird vor ein Schülertribunal geladen und muss sein Projekt sowie sein Verhalten rechtfertigen.*
  Welche Fragen würdet ihr ihm stellen? Haltet das Verhör schriftlich fest und gestaltet es als szenisches Spiel.
- ❒ *Haukes Projekt hat schwer wiegende Auswirkungen auf sein Familienleben. Führt unter diesem Aspekt Elkes Tagebuch fort.*
  Nun geht es schon auf Mitternacht zu. Seit vier Stunden warte ich auf Hauke…
- ❒ *Die Karte von K.E.Laage (Textausgabe S. 154) veranschaulicht Haukes Deichprojekt. Erläutert sie anhand der ihr entsprechenden Textpassagen.*

4.4 ❒ Dämonisierung: Der Schimmelreiter

Welche Aufgabe sich dem Autor Th. Storm stellte, nachdem er den Weg Haukes zum Deichgrafen dargestellt hatte, teilte er Paul Heyse im Brief vom 20. Oktober 1887 mit: „[…] Aus einem Jungen ist Hauke Haien nun auf diesen 92 Seiten zum Deichgrafen geworden; nun bedarf es der Kunst, ihn aus einem Deichgrafen zu einem Nachtgespenst zu machen" (Textausgabe S. 163, Z. 15–18). Damit stellt sich die Frage, wie Storm diese Aufgabe bewältigt hat.

An diesem Prozess, bei dem Aberglaube und Rufmord eine besondere Rolle spielen, ist zunächst das Umfeld des Deichgrafen beteiligt:
- Carsten und Iven sehen auf Jevershallig „das Gerippe eines Pferdes" (S. 70, Z. 7); nach längerem Hinstarren ändert sich das Bild und Carsten flüstert: „da geht ein Pferd – ein Schimmel – das muss der Teufel reiten – wie kommt ein Pferd nach Jevershallig?" (S. 71, Z. 10–12)
- Um diese Zeit kauft Hauke einen Schimmel, und zwar unter merkwürdigen Umständen, von denen allerdings außer Elke niemand etwas erfährt (vgl. S. 77). Als Knecht Iven beim Versuch, den Schimmel zu reiten, zu Boden fällt, antwortet er Hauke auf die Frage, ob er ihm Leid zugefügt habe: „Nein, Herr, es geht noch ; aber den Schimmel reit der Teufel!" (S. 79, Z. 12–13). Er wird sich nur von seinem Herrn reiten lassen.
- „Einige Abende später" kommt es zu einem Dialog zwischen Iven und Carsten. Carsten behauptet, „das Pferdsgeripp auf Jeverssand" sei „gar nicht mehr da" (S. 79, Z. 34). Auf Ivens Frage, wo es denn sei, antwortet Carsten: „Es steht in unserem Stall" (S. 80, Z. 28–29). Carsten kündigt und tritt um Allerheiligen bei Ole Peters in Dienst, wo er „andächtige Zuhörer für seine Geschichte von dem Teufelspferd des Deichgrafen" findet (S. 80, Z. 28–29).
- Der Deichgraf auf seinem Schimmel wird bald zu einer vertrauten Erscheinung. Sobald er auftaucht, ertönt bei den Arbeitern der Ruf: „Frisch zu! Der Schimmelreiter kommt!" (S. 87, Z. 24–25)
- Eine neue Dimension erreicht die Entwicklung, als die Magd Ann Grete und die Wärterin Frau Levke Zeugen von Haukes Gebet für seine erkrankte Frau werden. Beide gehören zum Konventikel des holländischen Flickschneiders Jantje. Der Erzähler stellt fest: „Aus des Deichgrafen Haus brachten Ann Grete und der in sie verliebte Dienstjunge ihre freien Abende dort zu" (S. 91, Z. 5–6). Was sie mitteilen, findet im Dorf Verbreitung: „Er hatte Gottes Allmacht bestritten; was war ein Gott denn ohne Allmacht? Er war ein Gottesleugner; die Sache mit dem Teufelspferde mochte auch am Ende richtig sein!" (S. 91, Z. 13–16)

- Zum „Nachtgespenst“ wird Hauke nach seinem Tode. Wie es dazu kam, erklärt der Schulmeister im Schlussteil des Rahmens. Das „weiße Pferdsgerippe“ will man wieder auf Jevershallig gesehen haben (S. 128, Z. 18–19), sterbliche Überreste hat man nicht gefunden und auf dem Friedhof sind keine Gräber der Verschollenen vorhanden. Für die Umwandlung des Deichgrafen in ein Gespenst hat der Erzähler eine plausible psychologische Erklärung. Er sieht darin den Versuch der Dorfgemeinschaft, ihre Unterlegenheit dem großen Einzelnen gegenüber zu kompensieren: „aber – einen Gewaltsmenschen oder einen bösen stiernackigen Pfaffen zum Heiligen oder einen tüchtigen Kerl, nur weil er uns um Kopfeslänge überwachsen war, zum Spuk und Nachtgespenst zu machen – das geht noch alle Tage“ (S. 129, Z. 16–20).

Der Sachverhalt lässt sich in weit gefasster Fragestellung und in der Analyse wichtiger Stellen aufarbeiten. Umfassenden Charakter hat folgende Frage:

❒ *Wie konnte Hauke zum „Schimmelreiter“ werden? Schreibt stichwortartig auf, welche Personen an diesem Prozess beteiligt sind und was jeweils konkret geschieht (S. 70–71, S. 77, S. 79–80, S. 87, S. 91, S. 128–129).*

Vom Deichgrafen zum Nachtgespenst – Die Dämonisierung Hauke Haiens

	Deichgraf ↓
Carsten/Iven:	reales Pferdegerippe, das in der Fantasie zum Leben erweckt wird (S. 70f.) ↓
Hauke Haien:	Kauf eines Schimmels unter merkwürdigen Umständen (S. 77) ↓
Iven:	„…den Schimmel reit der Teufel!“ (S. 79) ↓
Carsten:	stellt fest, dass das Pferdegerippe fort ist (S. 79) ↓
Carsten:	Verbindung von Pferdegerippe und Haukes Schimmel (S. 80) ↓
Carsten:	erzählt die Geschichte vom „Teufelspferd“ (S. 80) ↓
Arbeiter:	verwenden die Bezeichnung „Schimmelreiter“ (S. 87) ↓
Bewohner:	bezeichnen ihn aufgrund des Gebets als „Gottesleugner“ und verknüpfen diese Wahrnehmung mit dem „Teufelspferd“ (S. 91) ↓
	Haukes Selbstopfer, Verschwinden im Meer (S. 128) ↓
Bewohner:	erneutes Sehen des Pferdegerippes, Verknüpfung mit Hauke (S. 128) ↓
Dorfgemeinschaft:	„Nachtgespenst“, zu dem er gemacht wurde (vgl. den Kommentar des Erzählers, S. 129)

⇓

Aufgrund seiner Überlegenheit wird Hauke zunehmend isoliert und dämonisiert.

Für eine Detailanalyse kommt das Geschehen auf Jevershallig in Frage:

Spuk auf Jevershallig? Stellt durch eine genaue Analyse der Sprachform fest, was von den Beobachtungen der beiden Knechte zu halten ist. Beachtet auch die redebegleitenden Sätze des Erzählers (besonders S. 70, Z. 32–34 und S. 71, Z. 30–31).

Als Fazit ergibt sich: Iven und Carsten sind nicht in der Lage, die Eindrücke aus der Nähe und aus der Ferne in Übereinstimmung zu bringen. Der kritische Leser vermag das jedoch: Was *aus der Ferne* als Pferd *erscheint, erweist sich aus der Nähe als nichts*. Hier liegt ein eidetisches Phänomen vor: Die beiden sehen aus der Ferne, was sie sehen *wollen.*

Am Schluss der Novelle legt der Erzähler den psychologisch erklärbaren Ursprung der Dämonisierung frei und entdämonisiert den Schimmelreiter damit. Er holt zu diesem Zwecke zeitlich weit aus und rückt Hauke in eine erlauchte Nachbarschaft: „Der Dank, den einstmals Jewe Manners bei den Enkeln seinem Erbauer versprochen hatte, ist, wie Sie gesehen haben, ausgeblieben, denn so ist es, Herr: Dem Sokrates gaben sie ein Gift zu trinken und unsern Herrn Christus schlugen sie an das Kreuz! Das geht in den letzten Zeiten nicht mehr so leicht; aber – einen Gewaltsmenschen oder einen bösen stiernackigen Pfaffen zum Heiligen oder einen tüchtigen Kerl, nur weil er uns um Kopfeslänge überwachsen war, zum Spuk und Nachtgespenst zu machen – das geht noch alle Tage“ (S. 129, Z. 11–20).

❐ *Erörtert diese Meinung in Form eines persönlichen Kommentars.*

Notizen

Baustein 5 Realitätsbezug und Quelle

5.1 ❒ Die Schauplätze der Novelle

Storms Novelle „Der Schimmelreiter“ spielt nicht in einem imaginären Raum, sondern in einer konkreten Landschaft. Über die geografischen und sachlichen Voraussetzungen der Thematik hat sich der Autor frühzeitig beraten lassen. So wandte er sich mit Brief vom 10. Februar 1885 an die Frau seines Freundes und Beraters Christian Heinrich Eckermann, Bauinspektor und Fachmann für Deichbau und Landgewinnung, mit einer speziellen Bitte: „Zu einer neuen Arbeit, die sich in meinem Kopfe festsetzen will, möchte ich gern eine kleine, nur ganz flüchtige Skizze der Landteile von Nordstrand, Husum, Simonsberg haben, wie es eben vor der großen Flut von anno 1634 war“ (Textausgabe S. 149).

❒ *Lest Freunds Beitrag „Realisierte Fiktion – Die Schauplätze der Novelle“ (Textausgabe S. 149–154) und notiert die Angaben über Örtlichkeiten.*

Die Schauplätze der Novelle

Der Raum: die Hattstedter Marsch

Zur Linken: Marsch, zur Rechten: Wattenmeer

Die Stadt, zu der der Erzähler reitet: Husum

Das Wirtshaus: der „Schimmelreiterkrug“ in Sterdebüll

Die erwähnte Kirche: die Hattstedter Kirche

Vorbild für den Deichgrafenhof: der Lundenberger Hof

Der Koog: der Hattstedter Neue Koog

Jevershallig: die (nicht mehr vorhandene) Jacobshallig

Veränderungen im Landschaftsbild

Wenn der Erzähler heute auf dem nordfriesischen Deich unterwegs wäre, böte sich ihm ein anderes Bild als das geschilderte (S. 5, Z. 22f.). Das ist bereits im Hinweis zur Kartenskizze von 1976 angedeutet (Textausgabe S. 150).
Die erwähnten Deichbaumaßnahmen sind im Rahmen eines Gesamtkonzeptes zu sehen, das unter der Überschrift „Veränderungen in der Nordstrander Bucht“ (Z. 2, S. 69f.) erläutert wird.

❒ *Bildet vier Gruppen und diskutiert jeweils über einen Aspekt der Thematik (Texte 1–4). Fasst eure Ergebnisse zusammen und tragt sie vor.*

Der Deich wurde gebaut

- Abschluss der Bedeichung: 1987
- Folge: Bucht vom Gezeitenrhythmus abgeschnitten
- Größe des „Beltringharder Koogs“: 3.340 ha
- Name: nach ehem. Verwaltungsbezirk Beltringharde
- Dieser lag auf Alt-Nordstrand.
- Folge der Eindeichung: Verlust der Wattlandschaft

Worum ging es damals?

- um Küstenschutz
- „große Lösung“: 5.680 ha Watt und Vorland
- Zweck: Verhinderung des Wattabtrags
- Alternative: Deichverstärkung
- Plan eines neuen Deiches vor dem Altdeich.
- Entscheidung für die „kleine Lösung“: 3.340 ha.

Von der Nordstrander Bucht…

- Sie umfasste alle wichtigen Lebensräume des Wattenmeeres.
- Sie bekam nahrhaftes Salzwasser durch Flut.
- dadurch Massenentwicklung einzelliger Algen
- diese: Nahrungsgrundlage für Wirbellose
- Aufzuchtgebiet von Fischen und Garnelen
- Nahrungsreservoir vieler Zugvögel
- Reinigung der Nordsee durch biochemische Prozesse

… zum Beltringharder Koog

Zielsetzung des Naturschutzes im Koog:
- Landwirtschaft nur noch zur Biotop-Pflege
- Jagdruhe für Wasservögel
- Verbot von Wassersport jeglicher Art
- keine Besiedlung des Kooges
- Konzepte für Fremdenverkehrslenkung
- Koog soll Anschauungsobjekt werden

❒ *Deichbau heute. Was Hauke Haien noch nicht zu bedenken brauchte. Ein Kommentar.*

Vorschlag für ein Projekt
An vielen Schulen ist für die Klasse 10 eine Fahrt zu einem Reiseziel in Deutschland vorgesehen. Vielleicht können die Schülerinnen und Schüler für eine Fahrt nach Husum, Storms Geburtsstadt, gewonnen werden. Sie könnten ein Programm ausarbeiten, das ihren eigenen Vorstellungen entspricht. Zunächst müsste der Termin festgelegt werden. Empfehlenswert: Mai oder Oktober. Unterkunft: Jugendherberge Husum.

Anregungen für ein Programm:

Montag, den… Anreise, Erkundung der Stadt in Gruppen

Dienstag, …	10 – 12 Uhr:	Nordfries. Museum
	14 – 16 Uhr:	Theodor-Storm-Haus
	17 – 19 Uhr:	Stadtführung
Mittwoch, …	10 – 18 Uhr:	Radtour zur Hattstedter Marsch
	20 – 22 Uhr:	Vortrag/Film: Sturmfluten…
Donnerstag, …	9 – 12 Uhr:	Fahrt zu den Halligen
	14 – 18 Uhr:	Stadtbummel mit Aufgaben
	20 – 22 Uhr:	Gemeinsamer Besuch einer Gaststätte mit Lokalkolorit
Freitag, …	10 Uhr:	Rückfahrt über …

Im Anschluss an die Klassenfahrt könnte ein Dia- oder Videoabend veranstaltet werden.

Möglich ist es auch, ein persönliches Reise(tage)buch zu verfassen.

Stadtführungen:
Tourist-Information Husum — Tel.: 0 48 41/89 97 30
Historisches Rathaus
25813 Husum

Veranstaltungs-Info-Telefon: 01 90/27 06 47

Halligfahrten:
Wilhelm E.F. Schmidt — Tel.: 0 48 41/20 14-16
Am Außenhafen
25813 Husum

Fahrradverleih:
Zweirad Clausen — Tel.: 0 48 41/7 29 75
Osterende 94
25813 Husum

Dia-Vorträge:
Hartmut Schulz — Tel.: 0 48 41/21 02
Hooger Str. 2
25813 Husum

5.2 ❐ Die Quelle: „Der gespenstige Reiter. Ein Reiseabenteuer“

„Der Schimmelreiter, so sehr er als Deichsage seinem ganzen Charakter nach hierher passt, gehört leider nicht unserm Vaterlande“ (Storm an seinen Freund Theodor Mommsen am 13. Februar 1843, vgl. Textausgabe S. 156).

Mythologisch gesehen ist der Schimmelreiter einer, der nach dem Tode wiederkehrt, ein „Wiedergänger“, und zwar ein Frevler, der für seine Schuld dadurch büßt, dass er im Grabe keine Ruhe finden kann. Hauke hat sich (dem christlichen?) Gott als Opfer angeboten (vgl. 128, 14). Nach seinem Tod zeigt er sich immer dann, wenn eine Sturmflut droht, um die Menschen zu warnen. In dieser Hinsicht gleicht er dem „getreuen Eckhard“.
Hinter dem Schimmelreiter – und allen vergleichbaren Figuren – steht in letzter Instanz der germanische Gott Wodan (oder eine diesem vorausgehende primitive Gottheit), der auf Sleipnir, seinem achtbeinigen Hengst, durch die Wolken reitet.

Storms Novelle „Der Schimmelreiter“ basiert in wesentlichen Punkten auf der Erzählung „Der gespenstige Reiter. Ein Reiseabenteuer“, die Karl Hoppe entdeckte und 1949 veröffentlichte (Textausgabe S. 156–159).

❐ *Vergleicht die beiden Texte miteinander und stellt fest, worin Storms eigener Anteil an der Handlung der Novelle besteht.*

Es handelt sich um folgende thematischen Bereiche:
- die Jugendgeschichte des späteren Deichgrafen
- sein Familienleben
- der Bau eines Deiches mit flacherem Profil

Der Vergleich von Kernstellen zeigt aber auch, inwieweit Storm seiner Quelle bis in Einzelheiten gefolgt ist (Arbeitsblatt 8, S. 57).

Vergleich der Novelle mit ihrer Quelle

„Der gespenstige Reiter“	**„Der Schimmelreiter“**
Situation nachmittags:	*Situation nachmittags:*
„Es war in den ersten Tagen des Monates April, im Jahre 1829 – so erzählte mir mein Freund –, als ………………………………	„Es war im dritten Jahrzehnt unseres Jahrhunderts […] (5, 19f.)
Begegnung:	*Begegnung:*
………………………………	………………………………
Wachtbude:	*Wirtshaus:*
………………………………	………………………………
Erzählung:	*Erzählung:*
………………………………	………………………………
Situation am Morgen:	*Situation am Morgen:*
………………………………	………………………………

Stellt die Kernstellen aus der Quelle und die ihnen entsprechenden Passagen aus der Novelle einander gegenüber und erläutert das Ergebnis.

Nachweis der Parallelstellen zwischen Quelle und Novelle (vgl. Arbeitsblatt 8, S. 57):

Nachmittag auf dem Deich:	S. 156, Z. 1f.	–	S. 5, Z. 19f.
Begegnung mit dem Reiter:	S. 157, Z. 17f.	–	S. 7, Z. 3f.
Wachtbude/Wirtshaus:	S. 158, Z. 10f.	–	S. 8, Z. 28f.
Erzählung des Alten:	S. 158, Z. 33f.	–	S. 10, Z. 25f.
Selbstopfer:	S. 159, Z. 10	–	S. 126, Z. 4f.
Am anderen Morgen:	S. 159, Z. 19f.	–	S. 130, Z. 12f.

5.3 ❒ Integrierte Sagenmotive

Außer der Erzählung „Der gespenstige Reiter" als seiner Hauptquelle lassen sich zwei weitere Sagen, von denen Storm Gebrauch gemacht hat, nachweisen: die vom Deichopfer und die vom Wasserweib. Da sie in der Novelle selbst dargestellt werden, also episch integriert sind, kann man sie als „werkimmanente" bzw. integrierte Sagen bezeichnen.

Das Deichopfer (S. 66, Z. 36 – S. 67, Z. 7; S. 95, Z. 35 – S. 98, Z. 5)
Im Gespräch über das Für und Wider eines neuen Deiches weist Elke ihren Mann darauf hin, dass der Priel nicht zu stopfen sei. In diesem Zusammenhang erzählt sie ihm, was sie als Kind einmal auffing, als die Knechte darüber redeten: „sie meinten, wenn ein Damm dort halten solle, müsse was Lebigs da hineingeworfen und mit verdämmt werden" (S. 67, Z. 1–3). Vor etwa einhundert Jahren sei ein Zigeunerkind, das man der Mutter abgehandelt habe, verdämmt worden; jetzt würde wohl keine Mutter mehr ihr Kind verkaufen. Dieses Motiv kehrt wieder, als der Deich gebaut wird (S. 95, Z. 35 – S. 98, Z. 5). Da kein Kind zur Verfügung steht, soll ein Hund eingegraben werden. Als Hauke interveniert, erhält er die tradierte Begründung als Rechtfertigung: „‚[...] soll Euer Deich sich halten, so muss was Lebiges hinein!'" (S. 97, Z. 1–2). Hauke lässt sich auf eine Auseinandersetzung ein und fragt seinen Kontrahenten, „aus welchem Katechismus" er das gelernt habe. Der Arbeiter beruft sich auf die Tradition und fügt provozierend hinzu: „‚ [...] das haben unsere Großväter schon gewusst, die sich mit Euch im Christentum wohl messen durften! Ein Kind ist besser noch; wenn das nicht da ist, tut's auch wohl ein Hund!" (S. 97, Z. 6–9).
Hauke verhindert das Opfer, rettet den Hund und schenkt ihn seiner Tochter; er erhält den Namen „Perle". Der Deich wird auch ohne das vorgesehene Opfer halten.
Das Motiv, in einem Bauwerk müsse ein Lebewesen eingearbeitet werden, wenn es halten solle, ist weit verbreitet. Leander Petzoldt sieht in den „Bauopfersagen" Reste magischer Vorstellungen; ein Lebewesen werde in die Fundamente eines Bauwerks eingegraben, „um so die Vitalkraft des Lebendigen auf dieses Bauwerk zu übertragen. Gleichzeitig ist dies aber auch ein Ersatzopfer für einen Angehörigen der eigenen Gemeinschaft, das dämonische Wesen versöhnen und von schädlichem Wirken abhalten soll" (Karl Pellens/Leander Petzoldt: Historische Sagen im Unterricht. Freiburg i. Br. 1978, S. 37).

Das Wasserweib (S. 107, Z. 18 – S. 108, Z. 2 bzw. 26)
Trin' Jans erzählt Wienke die Geschichte vom Wasserweib. Als die Haffschleuse eines Abends geschlossen worden sei, habe ein Wasserweib nicht den Weg zurück ins Meer gefunden. Es sei in den Gräben herumgeschwommen, habe die Arme erhoben und „was ihre Hände waren" aneinander geschlagen, als ob sie beten wolle. Zu Wienke gewandt, erklärt Trin' Jans: „aber, Kind, beten können diese Kreaturen nicht" (S. 107, Z. 31–32). Schließlich habe sie das Wasserweib

nicht mehr gesehen, aber Wildgänse und Möwen seien nach einer Pause wieder mit Geschrei durch die Luft geflogen (Zeichen dafür, dass das Wasserweib ums Leben gekommen und ihnen zur Beute gefallen ist).
Ein kurzer Dialog über das Wesen solcher Kreatur zwischen Trin' Jans und Wienke schließt sich an, dann beendet Hauke die Situation mit seinem Hinweis, er habe ihr doch geboten, „Ihre Mären für sich zu behalten [...]" (S. 108, Z. 14–16). Trin' Jans, die zunächst behauptet, die Begebenheit selbst erlebt zu haben, beruft sich auf ihren Großohm als Bürgen für die Wahrheit der Geschichte. Sie wirft Hauke vor, er glaube nicht; modern gesprochen: Ihm fehlt es an Sensibilität.
Trin' Jans und Wienke, die alte Frau und das schwachsinnige Kind, haben ein Gespür für das Wesen und die Gefährdung der Natur, das in ihrem Glauben an Naturbeseelung Ausdruck findet. Bei ihnen spielt der Nutzaspekt, dem sich der Aufklärer Hauke Haien verschrieben hat, keine Rolle. Deshalb sind sie zum Mitleid fähig. Im Anschluss an diese Szene nimmt Hauke seine Tochter mit auf den Deich, wo sie die närrischen Gestalten sehen (S. 109, Z. 5–6), denen er in seiner Jugend begegnete (S. 16, Z. 25 – S. 17, Z. 15).
Vor ihnen hat Wienke Angst.
Das Wasserweib, dem Menschenwerk den Weg zurück in ihr Element verwehrt, ist nicht als törichter Aberglaube abzutun. Es nötigt sensiblen Menschen Mitleid ab und steht in einem betonten Gegensatz zu den unheimlichen Gestalten, die vom Deich aus wahrzunehmen sind. So kann sein Schicksal zum Aufruf zu einem verantwortungsbewusstem Umgang mit der Natur werden.
Winfried Freund schreibt der Darstellung des Wasserweibs den Charakter einer Spiegelung zu, wenn er feststellt: „Trin' Jans, die mehr und mehr in die Rolle einer symbolischen Mutterfigur hineinwächst, schildert im Bilde des von seinem natürlichen Ursprung ausgeschlossenen Wesens das Elend des vereinsamten Menschen in einer vom Egoismus des Mannes beherrschten Welt. Das Gefühl für die Vereinsamung und die Bedrohung des Menschen ruft zugleich das Mitgefühl mit dem Vereinsamten und Bedrohten wach" (Theodor Storm: Der Schimmelreiter. Glanz und Elend des Bürgers. Paderborn 1984, S. 89).

Das Verständnis der beiden integrierten Sagen kann auf unterschiedliche Weise vertieft werden. Dabei können sich die Schülerinnen und Schüler auch mit der Frage beschäftigen, ob Hauke sich nicht am Schluss selbst als „Deichopfer" darbringt. Hauke huldigt mit seinem letzten Schritt aber nicht einem Fatum oder Mächten, die es zu versöhnen gilt; er ruft eindeutig den christlichen Gott an.

❒ *Überlegt, welche Funktion die Sagen im Kontext haben könnten. Bestätigt Hauke die Sage vom Deichopfer nicht dadurch, dass er sich am Schluss selbst als Opfer darbringt?*

❒ *Schreibt Hauke einen fiktiven Brief, in dem ihr Trin' Jans verteidigt.*

Notizen

Baustein 6 Schreibprozess und Gattung

6.1 ❐ Schreibprozess und Biografie

Die Novelle „Der Schimmelreiter“ ist das letzte vollendete Werk Storms (vgl. dazu die Kurzbiografie: Textausgabe S. 141–133). Teilt man (mit Regina Fasold: Theodor Storm. Stuttgart 1997, S. 1–65) das Leben des Autors in Phasen ein, so ergibt sich folgende Gliederung:

1. Kindheit und Schulzeit (1817–1837)
2. Studium in Kiel und Berlin (1837–1842)
3. Anwalt in Husum (1843–1853)
4. Assessor in Potsdam (1853–1856)
5. Kreisrichter in Heiligenstadt (1856–1864)
6. Landvogt in Husum (1864–1880)
7. Ruhestand in Hademarschen (1880–1888)

Zur Ergänzung und Vertiefung sollte ein Referat über Leben und Werk Theodor Storms gehalten werden (Literaturhinweise: Textausgabe, S. 133).
Diese Aufgabe könnte von einem oder von zwei Schülerinnen bzw. Schülern übernommen werden. Sie ist wichtig, weil eine Kurzbiografie mit ihrem Daten- und Faktengerüst lediglich einen Überblick gibt, tieferes Verständnis aber Einzelheiten aus dem Leben eines Autors voraussetzt.
Zusatzmaterial 4 (S. 72) enthält einige Informationen zur Erstellung eines Referats.

Im Folgenden geht es um den Schreibprozess.

❐ *Erarbeitet auf der Grundlage des Kapitels „Der Schreibprozess 1885 bis 1888“ von Winfried Freund (Textausgabe, S. 160–165) die Chronologie der Entstehung des „Schimmelreiters“.*

Der Schreibprozess

03.02.1885	„ein alter mächtiger Deichsagenstoff“ regt sich…
10.02.1885	Bitte Storms um eine Skizze der Landteile…
04.12.1885	Storm hat Lust, „eine Deichnovelle“ zu schreiben.
Dez. 1885	Er hofft, nach Neujahr mit der Novelle zu beginnen.
30.03.1886	Storm spricht von Mangel an Material.
08.07.1886	Arbeit am „Schimmelreiter“ hat begonnen.
Juli/ Aug. 1886	„[…] einen Deichspuk in eine würdige Novelle […]“
…	
Sommer ’87	wieder Arbeit am „Schimmelreiter“
26.10.1887	Novelle bis auf Seite 92 gediehen
01.11.1887	bereits 126 Seiten Oktavpapier beschrieben
02.11.1887	schreibt an seinem „Schimmelreiter“
18.12.1887	die Novelle werde im Januar wohl fertig
09.02.1888	„Heute Vormittag 11 Uhr den Schimmelreiter beendet.“
22.02.1888	„Nachtrag“ zu den 232 Oktavseiten
03.03.1888	„Eine letzte kleine Szene wurde gestrichen.“
April/ Mai 1888	Druck in der Zeitschrift „Deutsche Rundschau“

Aus dieser Chronologie ergibt sich, dass der Schreibprozess eine beträchtliche zeitliche Lücke aufweist; sie umfasst ungefähr das erste Halbjahr 1887. Ihre Erklärung findet sie in familiären und persönlichen Gründen:

- Am 05.12.1886 stirbt Storms Sohn Hans.
- Eine „schwere Rippenfell- und Nierenentzündung“ fesselt ihn selbst von Oktober 1886 bis Februar 1887 ans Bett.
- Anhaltende Beschwerden führen zu der Diagnose „Magenkrebs“.
- Der Gemütszustand Storms verschlechtert sich daraufhin.
- Deshalb wird Pfingsten 1887 unter Leitung seines Bruders Aemil, der in Husum Arzt ist, eine erneute Diagnose gestellt, eigentlich eine „Scheindiagnose“, die die befürchtete Krankheit nicht bestätigt.
- Damit kehren „Lebensmut und Arbeitskraft“ zurück, und der Autor kann den „Schimmelreiter“ zu Ende führen.

❒ *Stellt den Zusammenhang dar, der zwischen dem Schreibprozess und dem Gesundheitszustand des Autors besteht.*

6.2 ❒ Das Gattungsproblem – „Eine zurückgezogene Vorrede“

Storm war sich darüber im Klaren, welche Aufgabe sich ihm mit der Konzeption des Stoffes zu einem bestimmten Zeitpunkt stellte: „einen Deichspuk in eine würdige Novelle zu verwandeln“ (an seinen Verleger, Textausgabe S. 162, Z. 2–6). Das musste Auswirkungen auf die Darstellung haben. In diesem Sinne heißt es in einer der jüngsten Publikationen zur Gattung über Storms Novelle: „Ihre besondere Form entsteht durch die Aufgabe, Sage und Novelle zu vermitteln“ (Hugo Aust: Novelle. 2. Auflage Stuttgart 1995, S. 123).

Über seine Auffassung von der Gattung Novelle hat sich Storm selbst geäußert. Zum Begriff der Volkssage gibt es verschiedene Definitionen; eine lautet folgendermaßen:

„Im Gegensatz zum Volksmärchen spiegelt Volkssage naives, unkritisches Wissen des Volkes wider, zielt auf *Wiedergabe der Wirklichkeit* und erhebt Anspruch, geglaubt, für *wahr* gehalten zu werden. Das ‚*Sagen*‘, raunenhaftes Erzählen von merkwürdigen wirklichen Begebenheiten, die aus dem Alltäglichen herausragen, gleich unserem heutigen ‚Gerücht‘, erzählt jedoch keinen harmlosen oder bösen Klatsch, sondern *gibt Kunde*: eindringliche Erfahrungsbelege über den Einbruch einer ganz anderen Welt in unsere Tageswirklichkeit“ (Ivo Braak: Poetik in Stichworten. 6. Auflage Kiel 1980, S. 200).

Nach dieser Begriffsbestimmung gleicht die Sage zwar einem Gerücht, hat aber eine schwer wiegende Thematik: Sie handelt vom „Einbruch einer ganz anderen Welt“ in unsere Wirklichkeit.

„Ein Deichgraf stürzt sich aus Verzweiflung und Schuldgefühl in die Bruchstelle eines Deiches; er wird von nun an auf dem Deich gesehen, wenn neues Unheil droht – das ist in kurzen Worten der sagenhafte Kern der Schimmelreiter-Geschichte, wie Storm sie erzählt“ (Reimer Kay Holander: Theodor Storm: Der Schimmelreiter, S. 27).

Hinter dem Schimmelreiter, darauf wurde bereits hingewiesen, steht der altgermanische Gott Wodan (vgl. Baustein 5.2).

❐ *Wo zeigt sich im Text der „Einbruch einer ganz anderen Welt", wie er für die Sage bezeichnend ist? (S. S. 5, Z. 19–S. 9, Z. 22; S. 17, Z. 34–S. 18, Z. 6; S. 69, Z. 12–80, Z. 29)*

Er tritt sowohl im Rahmen als auch im 2. Teil der Erzählung in Erscheinung. Wenn man ihn nicht schon in dem gespenstischen Reiter auf dem Deich erkennen möchte, wird er in dem Augenblick bewusst, als der Ruf „Der Schimmelreiter!" ertönt (S. 9, Z. 13). In der Rahmensituation ist die „andere Welt" durchgehend präsent.
Für die Herausbildung der Sage sind mehrere Ereignisse bestimmend: die Entdeckung des Pferdegerippes auf Jevershallig (Kapitel 13), Haukes Kauf eines neuen Schimmels (Kapitel 14) und dessen Identifizierung mit dem Pferdegerippe auf Jevershallig durch Carsten: „Es steht in unserem Stall!" (S. 80, Z. 8–9). Vgl. dazu: 4.4 Dämonisierung, S. 50ff.

Ein bekannter Storm-Forscher gibt folgende Kennzeichnung zur gegenseitigen Durchdringung der beiden Welten:

> „Die Geschichte des Schimmelreiters, des Deichgrafen, wird erzählt aus der Perspektive eines aufgeklärten Schulmeisters, der das Unheimliche und Gespenstische rational zu erklären sucht; sie ist aber umschlossen von einem Rahmen (der überdies während der Erzählung mehrfach aktualisiert wird) [...], der den Erklärungsversuchen des Schulmeisters diametral entgegengesetzt ist und den Lesern die Erscheinung des gespenstigen Reiters als reales Erlebnis vor Augen führt. Das Geschehen bleibt so unauflöslich im poetischen Zwischenbereich von Wirklichkeit und Sage, von realistischer Novelle und irrationaler Gespenstergeschichte angesiedelt. Storm erreicht das, was er einmal als Ziel seines Erzählens bezeichnet hat [...], ‚den Leser in einer herben Nachdenklichkeit über die Dinge des Lebens zurückzulassen'.
>
> Theodor Storm: Sämtliche Werke in vier Bänden. Hg. von Karl Ernst Laage und Dieter Lohmeier. Band 3. Novellen 1881-1888. Hg. von Karl Ernst Laage. Frankfurt am Main 1988, S. 1098f.

❐ *Nehmt den letzten Satz des Zitats zum Anlass für eine persönliche Stellungnahme.*

Abschließend ist darauf hinzuweisen, dass es hier um die Kennzeichnung des Gattungscharakters geht, nicht aber um die Frage, ob man der Sage Glauben schenkt oder nicht.

Damit bleibt die Frage zu klären, was eine Novelle ist. Storm selbst hat sich zu ihr geäußert, und zwar unter der Überschrift „Eine zurückgezogene Vorrede aus dem Jahre 1881" (Textausgabe S. 166–167).

Die Klasse kann sich mit dem Text in Gruppenarbeit beschäftigen, und zwar anhand folgender Leitfragen:

❐ *Welchen Anlass hatte Storm für diese Stellungnahme?*

❐ *Wie erklärt er den „Aufstieg" der Gattung Novelle?*

❐ *Welche Absicht verfolgt er mit dieser Vorrede?*

❐ *Wie charakterisiert er die Novelle?*

Die Ergebnisse zur letzten Frage können zur Ergebnissicherung in einer Tafelskizze oder einem Folientext festgehalten werden.

Storms Novellenbegriff

- Sie ist geeignet zur Aufnahme des bedeutendsten Inhalts.
- Sie ist nicht mehr die [...] Darstellung einer ungewöhnlichen Begebenheit.
- Die heutige Novelle ist die Schwester des Dramas...
- ... und die strengste Form der Prosadichtung.
- Sie behandelt die tiefsten Probleme des Menschenlebens.
- Sie verlangt einen im Mittelpunkt stehenden Konflikt.
- Von diesem aus organisiert sich das Ganze der Darstellung.
- Sie verlangt folglich die Ausscheidung alles Unwesentlichen.
- Sie stellt die höchsten Forderungen der Kunst.

Kerngedanke von Storms Definition der Gattung Novelle ist sein Hinweis auf „einen im Mittelpunkt stehenden Konflikt, von dem aus das Ganze sich organisiert".

❒ *Worin könnte dieser Konflikt gegeben sein? Erinnert euch noch einmal daran, welche Wirkung die Bemerkung von Ole Peters, Hauke sei nur Deichgraf „von seines Weibes wegen", hatte. (4.2 „Ein Wort und seine Wirkung" S. 47f.).*

❒ *Belegt den Konflikt am Text und weist nach, wie sich von ihm aus „das Ganze organisiert" (S. 63, Z. 34–S. 64, Z. 13; S. 65, Z. 37–S. 67, Z. 2).*

❒ *Erläutert, inwiefern der Gedanke eines zentralen Konfliktes die folgende Gesamtsicht bestimmt:*

„Im zweiten Teil beschleunigt sich die eher gemächliche Erzählung seines [Haukes] Aufstiegs zu dramatisch sich steigernder Handlungsdichte. Denn als Amtsinhaber kann der vom wissenschaftlich gesicherten Deichbau Besessene daran gehen, seine Pläne zu verwirklichen, zugleich seinen Grundbesitz zu vergrößern und sich in der Nachwelt ein Denkmal setzen. Denn ihm soll ja ein beträchtlicher Teil des Landes, das durch den neuen Deich geschützt würde, gehören. Eitelkeit, persönlicher Vorteil und Dienst am Gemeinwohl treiben seinen Ehrgeiz an. Immer wieder verlangt er von den Dorfleuten Arbeitseinsätze. Die lehnen den planenden, investitionsbereiten und veränderungswilligen Deichgrafen, den Emporkömmling, zunehmend ab. Es kommt zu einer sich aufschaukelnden Entfremdung zwischen Hauke und den Dorfbewohnern, zu einer Steigerung von allgemeiner Missgunst und persönlicher Verbitterung bei Hauke. Der scheitert nicht an der Sturmflut, die den Deich aufreißt und auch Weib und Kind verschlingt, sondern an sich selbst und am Konservatismus seiner Umwelt."

Aus: Georg Bollenbeck: Theodor Storm. Eine Biografie. Frankfurt am Main 1988, S. 332–333.

Aus der Grundsituation des Konflikts zwischen Hauke und der Dorfgemeinschaft ergibt sich auch schuldhaftes Verhalten in einer bestimmten Situation, und daraus wiederum resultiert sein Untergang.

❒ *Wie konnte es dazu kommen, dass Hauke seinem „Intimfeind" Ole Peters nachgab, obwohl er bei seiner Besichtigung des alten Deiches im Frühjahr gravierende Mängel festgestellt hatte (S. 109, Z. 38–S. 114, Z. 28)?*

Im Angesicht des Todes gesteht sich Hauke seine Schuld ein, nachdem er den Durchstich des neuen Deiches verhindert hat: „[...] – Der Durchstich des neuen Deiches – vielleicht, sie hätten's fertig gebracht, wenn er sein Halt nicht gerufen hätte; aber – es war noch eines, und es schoss ihm heiß zu Herzen, er wusste es nur zu gut – im vorigen Sommer, hätte damals Ole Peters' böses Maul ihn nicht zurückgehalten – da lag's! Er allein hatte die Schwäche des alten Deiches erkannt: Er hätte trotz alledem das neue Werk betreiben müssen: ‚Herr Gott, ja, ich bekenn es!', rief er plötzlich laut in den Sturm hinaus, ‚ich habe meines Amtes schlecht gewartet!" (S. 125, Z. 33–S. 126, Z5)

❒ *Wie beurteilt ihr Haukes Schuldbekenntnis vor dem Hintergrund folgender Aussage Storms (aus einem Brief an seinen Freund Tönnies)?*

„Wenn die Katastrophe aus der Niederlage des Deichgrafen im Kampf der Meinungen stärker hervorgehoben würde, so würde seine Schuld wohl zu sehr zurücktreten. Bei mir ist er körperlich geschwächt, des ewigen Kampfes müde, und so lässt er einmal gehen, wofür er sonst stets im Kampf gestanden; es kommt hinzu, dass seine zweite Besichtigung bei heller Sonne die Sache weniger bedenklich erscheinen lässt. Da aber, während Zweifel und Gewissensangst ihn umtreiben, kommt das Verderben. Er trägt eine Schuld, aber eine menschlich verzeihliche [...]"

6.3 ❒ Der Untertitel – „Novelle"

Storm selbst hat seinen „Schimmelreiter" im Untertitel als „Novelle" bezeichnet. Über den „im Mittelpunkt stehenden Konflikt" hinaus weist das Werk weitere Kennzeichen dieser Gattung auf.

❒ *Wie wird die Gattung „Novelle" im Lexikonartikel (Textausgabe S. 168–169) charakterisiert?*
Stellt eine Liste der Merkmale auf. Fasst die Ergebnisse in einem Tafelbild zusammen!

Merkmale einer Novelle

- Das Wort bezeichnet eine Erzählung als Neuheit,
- als „eine sich ereignete, unerhörte Begebenheit" (Goethe),
- Thema ist das Schicksal eines Menschen in schwieriger Lage,
- oft ist ein „Falke" vorhanden, ein Gegenstand von Bedeutung für das Geschehen,
- die straffe Darstellung zielt auf den Höhepunkt bzw. Wendepunkt;
- diese Eigenart deutet auf Verwandtschaft mit der Anekdote und auf Ähnlichkeit mit dem Drama.
- Schon bei Boccaccio ist ein Rahmen vorhanden.

❒ *Prüft, ob bzw. inwiefern diese Merkmale auf den „Schimmelreiter“ zutreffen.*

Die bisherigen Überlegungen zur Frage der Gattung bezogen sich auf folgende Aspekte:

- Storms Novellentheorie, besonders den „im Mittelpunkt stehenden Konflikt“,
- die dreifache Rahmung der Erzählung vom Schimmelreiter,
- die Situation, in der Hauke seinem Widersacher Ole Peters wider bessere Einsicht nachgibt und die – folglich – den Untergang herbeiführt; sie kann als „Wendepunkt“ bezeichnet werden.

Starke Beachtung ist in der Gattungsdiskussion dem „Falken“ gewidmet worden, in jüngerer Zeit unter dem Begriff des Symbols oder Dingsymbols. Man versteht darunter einen Gegenstand, der für das Geschehen besondere Bedeutung hat, in dem es sich spiegelt oder der bestimmte Momente bildhaft zum Ausdruck bringt. So symbolisieren „Meer und Deich Naturgewalt und Naturbeherrschung, und die Novelle vom gespenstischen Schimmelreiter erzählt die Geschichte des Verhältnisses der Menschen zur Natur als Miteinander und Gegeneinander“ (Georg Bollenbeck: Theodor Storm. Eine Biographie. Frankfurt am Main 1988, S. 334).

Winfried Freund hat „Meer und Deich“ in einer subtilen Interpretation als die tragenden Symbole der Novelle „Der Schimmelreiter“ herausgearbeitet (Arbeitsblatt 9, S. 67, Z. 3, S. 71).

„Meer und Deich“ – Eine Interpretation

1. Der schöpferische Einzelne: muss sich sozial verhalten.
   Die Gemeinschaft: muss soziale Kontrolle ausüben.

2. Kritik an der Masse:
   Trägheit und Gedankenlosigkeit
   irrationale Dämonisierungen
   Tun nur des Nötigsten

   Kritik an den Weiterdenkenden:
   zwar: Erkenntnis des Notwendigen
   aber: Begrenztheit der Einsicht
   Gutgläubigkeit und blindes Vertrauen
   Behandlung der Symptome statt der Ursachen

3. Deichbau: Symbol des Zusammenwirkens individueller und kollektiver Kräfte
   Deichbruch: Symbol der Uneinigkeit von Individuum und Kollektiv

4. Meer: die ständige Bedrohung durch das Chaos
   Deich: die Bändigung des Chaos durch den Menschen

„Meer und Deich“

1. „Interaktion“ kann nur dann gelingen, wenn der schöpferische Einzelne und die Gemeinschaft bestimmte Bedingungen erfüllen.
Welche sind es (1. Satz)?

- Der schöpferische Einzelne ....

....

- Die Gemeinschaft ....

....

....

2. An der Wortwahl ist zu erkennen, was der Verfasser der Masse vorwirft (1. Abs.):
- Kritik am Kollektiv:
Trägheit und Gedankenlosigkeit

....

....

- Kritik an den Weiterdenkenden:

....

....

....

....

3. Auf der Grundlage dieser Überlegungen gelangt Freund zur Symbolik von Deichbau und Deichbruch (2. Abs.).

- Der Deichbau: ....

....

- Der Deichbruch: ....

....

4. Was bildet sich im Meer ab (3. Abs.)? ....

....

Was bildet sich im Deich ab? ....

....

❒ *Beantwortet die Arbeitsfragen und diskutiert eure Ergebnisse. Haltet sie gegebenenfalls in Form einer Tafelskizze fest.*

Protokoll einer Deutschstunde

Anwesend: Klasse 10a und der Fachlehrer
Zeit: 4. Stunde
Thema der Unterrichtsreihe: Theodor Storm: Der Schimmelreiter
Thema der Unterrichtsstunde: Die Unterbrechungen des Erzählers
Protokollant: M. O.

Tagesordnung:
1. Verlesung des Protokolls der vorherigen Deutschstunde
2. Besprechung der Hausaufgabe
3. Die Unterbrechungen
4. Hausaufgabe

Zu 1: Zu Beginn der Stunde wurde das Protokoll der vorherigen Deutschstunde verlesen und nach Verbesserung einiger Fehler angenommen.

Zu 2: Notizen zur Hausaufgabe – die Unterbrechungen des Erzählers – wurden gesammelt und zur Grundlage des Interpretationsgesprächs gemacht.

Zu 3: Die Analyse der Unterbrechungen erfolgte unter den Aspekten Anlass und Funktion. Im Folgenden werden die wichtigsten Ergebnisse zusammengefasst.

1. Unterbrechung (S. 12, Z. 11–18): Sie folgt auf den Hinweis, dass der junge Hauke sich den holländischen Euklid angeeignet habe. Der Erzähler teilt seinem Gast mit, dass das auch von Hans Mommsen aus Fahretoft berichtet werde, und er macht Hauke zum Vorläufer der geschichtlichen Persönlichkeit und hebt damit die Grenze zwischen Fiktion und Realität auf.

2. Unterbrechung (S. 17, Z. 30 – S. 18, Z. 17): Sie hat Haukes Begegnung mit den Phantomen, die er vom Ufer aus wahrnimmt und von denen er sich nicht vertreiben lässt, zum Anlass. Der Erzähler unterbricht sich mit dem Hinweis, „es gibt auf Erden allerlei Dinge, die ein ehrlich Christenherz verwirren können […]" (S. 17, Z. 31–32).
   Diese Aussage variiert ein Wort aus Shakespeares „Hamlet": „There are more things in heaven and earth, Horatio, /Than are dreamt of in your philosophy" (I,5). Der Erzähler betont, Hauke sei „weder ein Narr noch ein Dummkopf" gewesen, (nicht nur damals, bleibt hinzuzufügen, sondern auch „viele Jahre später" hat er sich vor den Phantomen nicht gefürchtet).
   Zwischen Erzählung und Rahmen besteht an dieser Stelle eine inhaltliche Entsprechung: In der Erzählung ist von Seegespenstern die Rede, in der Rahmensituation vom Schimmelreiter. Die Blicke wenden sich plötzlich dem Fenster zu, der Reisende erklärt: „aber auch mir war es, als hätte ich den hageren Reiter auf seinem Schimmel vorbeisausen sehen" (S. 18, Z. 4–6). Nach einem knappen Dialog mit dem Deichgrafen fährt der Erzähler in seiner Geschichte fort und kommt auf ein für Haukes Leben entscheidendes Ereignis zu sprechen: die Tötung des Katers von Trin' Jans. Die Unterbrechung hat damit auch retardierenden Charakter.

3. Unterbrechung (S. 51, Z. 32 – S. 53, Z. 11): Sie wird durch eine Feststellung eingeleitet, die die Darstellungsweise des Epikers kennzeichnet: „Der Erzähler hielt inne und blickte sich um." Das Innehalten wird auch für den Zuhörer und den Leser zum Anlass, sich „umzublicken": einen Blick zurück zu tun (auf die bisherige Entwicklung Haukes: Kleinknecht beim Deichgrafen, Verlobung mit Elke, Großknecht, Tod Tedes) und sich auf Künftiges einzustellen. Dabei hat die (erste) Erwähnung des Hauke-Haien-Koogs ebenso antizipierende Funktion wie das Wort Tedes, Hauke sei „der rechte Mann" für das Amt des Deichgrafen.
   Da die Männer ausrücken um zu sehen, „wo das Unheil hin will" (S. 52, Z. 15), führt der Erzähler seinen Gast aus der nun leeren Wirtsstube nach oben auf sein Zimmer, eine kleine Bibliothek, deren Fenster mit Teppichen verhängt sind und die dadurch der Wirklichkeit entrückt wirkt. Hier legt der Erzähler in entspannter Atmosphäre das weitere Leben Haukes dar (Übernahme des Deichgrafenamtes, Hochzeit mit Elke, Plan eines neuen Deiches).

4. Unterbrechung (S. 69, Z. 14–24): Ehe der Erzähler sich dem Spuk auf Jevershallig zuwendet, geht er abermals auf seine Quellen ein. Er weist darauf hin, dass er für die weiteren Ausführungen nicht dieselbe Gewähr übernehmen könne wie für das bisher Erzählte. Der zuhörende Gast und die Leser sind damit aufgerufen, „die Spreu vom Weizen" zu unterscheiden (S. 10, Z. 22–23). Die folgenden Ereignisse: Spuk auf Jevershallig, Kauf des Schimmels, Bau des Deiches, Geburt Wienkes, Entdeckung der Schäden am alten Deich.

5. Unterbrechung (S. 115, Z. 35–38): Der Erzähler unterbricht die Geschichte abermals; „nach einer Weile" erst gibt einen Vorausblick auf das Jahr 1756, „das in dieser Gegend nie vergessen wird" (S. 115, Z. 7). Der Zuhörer wird dadurch für den weiteren Ablauf des Geschehens sensibilisiert: Tod von Trin' Jans, Sturmflut, Tod Elkes und Wienkes, Tod Haukes. Mit der Jahreszahl wird die Grenze zwischen Fiktion und Realität wiederum aufgehoben.

Die Unterbrechungen stehen also in einem inneren Zusammenhang mit dem erzählten Geschehen: Sie heben die Grenze zwischen Fiktion und Realität auf (1 und 5), sie markieren Einschnitte im Leben Haukes und geben dem Hörer bzw. Leser durch Andeutungen Anlass zum Rückblick und zum Vorausblick (2 und 3) oder fordern ihn indirekt auf, „die Spreu vom Weizen" zu sondern (4). Damit steuern sie das Rezeptionsverhalten des Zuhörers und des Lesers.

Zu 4. Hausaufgabe: Überlegt, wie man die Erzählsituation schematisch darstellen könnte.

Werne, den…

MO
(Protokollant)

Veränderungen in der Nordstrander Bucht

Der Deich wurde gebaut

Nach fünfjähriger Bauzeit ist im Sommer 1987 schließlich das letzte Stück des neu gebauten Deiches fertig gestellt worden:
Mit dem Deichschluss wurde die ehemalige Nordstrander Bucht vom natürlichen Gezeitenrhythmus der Nordsee abgeschnitten.
Der neue Koog mit einer Fläche von 3.340 ha war entstanden. Er erhielt den Namen „Beltringharder Koog" aufgrund seiner Lage im Bereich des ehemaligen Verwaltungsbezirks Beltringharde. Eine historische Karte weist die Umgebung des jetzt eingedeichten Geländes als besiedeltes Land aus; vor allem die Orkanfluten von 1362 und 1634 zerrissen große Teile davon. Für die Technik war diese Eindeichung eine große Leistung – für die Natur allerdings ist dies ein unwiederbringlicher Verlust gewesen. Mit dieser einzigartigen Bucht des Wattenmeeres sind große Anteile der Salzwiesen und Schlickwattfläche des Nordfriesischen Wattenmeeres endgültig verloren.

Worum ging es damals?

Die Sturmfluten der Jahre 1962 und 1976 haben in den darauf folgenden Jahren die Diskussion um den Küstenschutz an der schleswig-holsteinischen Nordseeküste weitgehend bestimmt. Die Nordstrander Bucht sollte zunächst mit einer sog. „Großen Lösung" auf eine Fläche von 5.680 ha Watt und Vorland eingedeicht werden. Damit wollte man eine Antwort auf die Problematik des flächenhaften Wattabtrages geben und großräumig eine zweite Deichlinie schaffen.
Viele plädierten andererseits für eine Deichverstärkung.
Daneben wurde auch eine zwischen 200 und 300 m Abstand vor dem Altdeich liegende Deichlinie empfohlen. Schließlich ergab die harte Auseinandersetzung um zukünftigen Küstenschutz in diesem Bereich die sog. „Kleine Lösung", bei der aber immer noch 3.340 ha Flächen des Wattenmeeres neu eingedeicht worden sind.

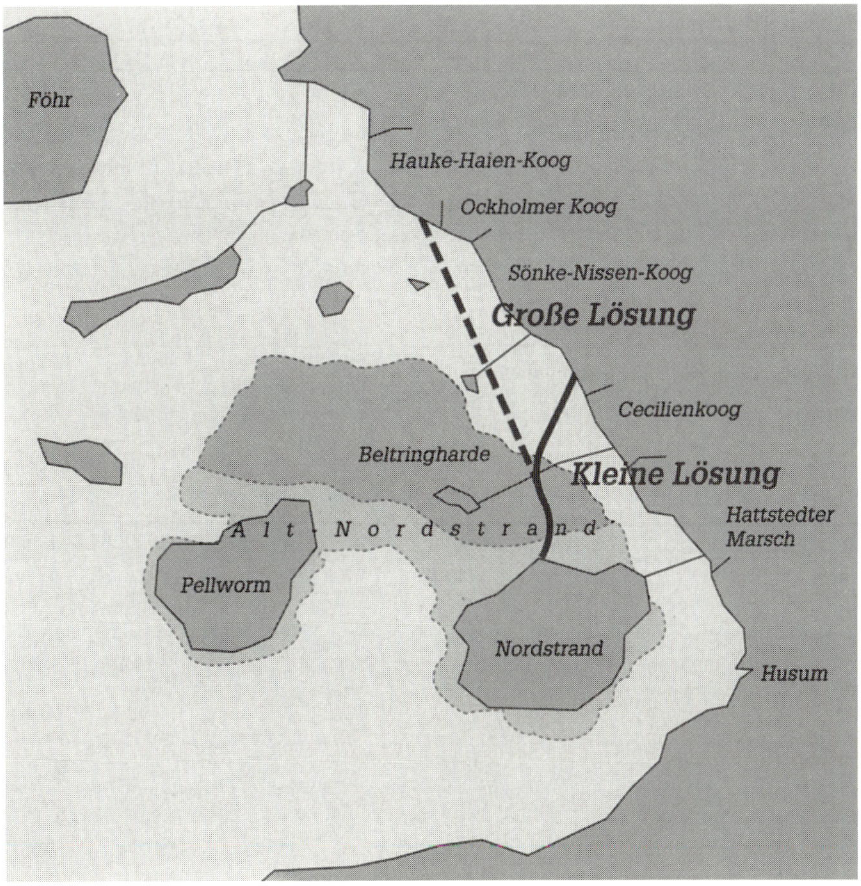

Von der Nordstrander Bucht…

Die Nordstrander Bucht erfasste alle wichtigen Lebensräume des Wattenmeeres: Wattströme, Sand-, Misch- und vor allem Schlickwatten sowie ausgedehnte Salzwiesen vor den Deichen. Mit der Flut brachte die Nordsee jeden Tag zweimal nährstoffreiches Salzwasser. Dieser natürliche Nährstoffreichtum ermöglichte Massenentwicklungen von einzelligen Algen. Sie bildeten die Nahrungsgrundlage für gewaltige Mengen an wirbellosen Tieren wie Muscheln, Schnecken, Krebsen und Würmern. Das nahrungsreiche Flachwassergebiet diente vielen Fischarten wie Scholle und Flunder als Aufwuchsgebiet; Garnelen („Krabben") konnten hier heranwachsen. Tausenden von Vögeln bot dieses Gebiet ausreichend Nahrung, um sich die überlebenswichtigen Fettreserven für ihre Flüge in bis zu 5.000 km entfernte Brut- und Überwinterungsgebiete anzufressen. Der rege Um- und Abbau im Wasser vorhandener Stoffe durch die vielen im und auf dem Wattboden lebenden Organismen erfüllte nebenbei noch die wichtige Rolle der ständigen Reinigung für die Nordsee.

… zum Beltringharder Koog

Für die Entwicklung des zukünftigen Naturschutzgebietes wurden und werden erhebliche Mittel aufgewendet, damit sich der Beltringharder Koog zu einem ökologisch vielfältigen Biotop des Binnenlandes entwickeln kann. Naturschutz hat hier den absoluten Vorrang! Diese Zielsetzung wird heute von allen Seiten unterstützt:

- Landwirtschaft in Form extensiver Beweidung soll langfristig nur noch in Einzelbereichen zur Pflege von Nahrungs- und Brutbiotopen für Wiesenvögel und Gänse ausgeübt werden.
- Für Wasservögel wird Jagdruhe gelten. Nur aus Deichschutz- und Artenschutzgründen kann im Einzelfall die Jagd auf Kaninchen und Füchse zugelassen werden.
- Ruhe und Ungestörtheit soll auch durch ein Verbot von Wassersport, Angeln und Fischerei sowie Modellflug und Bootsbetrieb gesichert werden.
- Zum Zwecke der Fremdenverkehrslenkung wird das Gebiet als „besonders unberührtes Naturreservat" herausgestellt werden. Konzepte für Wege, Beobachtungsstände und Informationstafeln werden auf der Grundlage ökologischer Untersuchungen entwickelt.
- Der Koog soll als Anschauungsobjekt für die naturkundliche Bildung und Information genutzt werden – ebenso wie der angrenzende Nationalpark. Die besondere Eigenart der unveränderten Natur des Wattenmeeres gegenüber dem Binnendeichgebiet und Zusammenhänge zwischen beiden Lebensräumen sollen vermittelt werden. Dicht nebeneinander liegende Landschaftstypen bieten geeignete Möglichkeiten, unterschiedliche Entwicklungen im Vergleich zu erleben und Naturschutzansätze zu verstehen.

Auch bei anderen Projekten macht sich der Beurteilungswandel in der Bevölkerung zum Thema Küstenschutz/Naturschutz bemerkbar. Die Schaffung einer zweiten Deichlinie in der Schobüller Bucht südöstlich des Beltringharder Kooges, mit der etwa 35 ha wertvolle Salzwiesen abgedeicht werden sollten, wurde verworfen.

Quelle: Natur im Beltringharder Koog schützen und erleben. Hg. vom Zweckverband Beltringharder Koog (Geschäftsstelle: Amt Nordstrand, Schulweg 4, 25845 Nordstrand, Telefon 0 48 42 / 82 50 – Telefax 81 02)

Winfried Freund: Meer und Deich (Auszug)

Eine wirklich förderliche Interaktion[1] kann nur dann gelingen, wenn der schöpferische Einzelne aus echtem sozialen Antrieb seinem Mitmenschen gegenüber Verständnis und Anteilnahme bekundet, sich also selbst als Gesellschaftswesen begreift, und wenn die Gemeinschaft kritisch über die individuellen[2] Aktivitäten wacht und den Einzelnen dort in seine Schranken weist, wo er nur noch seinen eigenen Ehrgeiz befriedigt. Doch die Trägheit der Masse und die irrationalen[3] Dämonisierungen ersticken letztlich jedes kritische Engagement, jeden Versuch, den isolierten Ehrgeizling zum Wohle aller zu integrieren[4]. Man tut, von einigen wenigen abgesehen, unwillig das scheinbar Nötigste, um danach endlich wieder seine Ruhe zu haben. Die wenigen, allen voran Jewe Manners, die die Notwendigkeit fortschrittlichen innovativen[5] Handelns eingesehen haben, sind allem Anschein nach unfähig, die egoistischen Motive des Deichgrafen zu durchschauen. Gutgläubigkeit und blindes Vertrauen verhindern ähnlich wie die Trägheit und Gedankenlosigkeit der Masse die dringend erforderliche soziale Kontrolle, die gerade von den Weiterdenkenden zu erwarten gewesen wäre. Statt dessen sind sie nur um den vorläufigen Ausgleich bemüht, gehen also die Symptome[6] an und nicht den ehrgeizigen Einzelnen als die eigentliche Ursache.

Gemeinsam mit dem Zusammenbruch der inneren sozialen Beziehungsstrukturen führt so das starre Festhalten des Individuums und der Gesellschaft an den eigenen Unzulänglichkeiten zum Scheitern der notwendigen Integrations- und Interaktionsprozesse und damit unweigerlich in die Katastrophe. Der Deichbau ist Symbol für das Zusammenwirken individueller und kollektiver[7] Kräfte, die eigentlich geschichtsbildende Leistung, durch die der Mensch die Voraussetzung schafft, im Kampf mit der elementaren Bedrohung zu überleben. Immer neue gemeinsame Anstrengungen sind erforderlich, ausruhen bedeutet nicht einfach Stillstand, sondern den sicheren Untergang. Fortschritt ist also gefordert, ein Fortschritt jedoch, der jeweils an das bereits Geleistete anknüpft. Der Bruch am alten Deich verweist sowohl auf die fehlende Orientierung an geschichtlicher Kontinuität[8] als auch auf die gescheiterte Interaktion. Hinter dem alten Deich steht die einstmals erbrachte kollektive Leistung der Kooggemeinschaft, hinter dem neuen Deich vor allem die Besessenheit eines Einzelnen, der sich ein Denkmal setzten wollte. Zwar ist es notwendig, das Alte zu verbessern, aber nicht um den Preis einer ausschließlichen Geltung des Neuen. Die Einbeziehung des Alten und Neuen auf der Basis eines sozial motivierten Zusammenwirkens individueller Kreativität und kollektiver Leistung ist die unabdingbare Voraussetzung für einen wirklich tragfähigen Fortschritt. Der Deichbruch spiegelt symbolisch die Brüchigkeit der sozialen Strukturen und die unfruchtbare Polarisierung[9] von Ehrgeiz und rationaler Theorie auf der einen und der Trägheit und der Irrationalität der Masse auf der anderen Seite. Die Katastrophe, der Einbruch des chaotischen Elements, ist die über eine brüchige Gemeinschaft verhängte Sanktion[10], verschuldet insbesondere durch den ungebändigten Ehrgeiz des genialen Individuums, aber eben auch durch die Dumpfheit und Schwerfälligkeit der Umwelt, die sich aus Bequemlichkeit und abergläubischer Voreingenommenheit gegen jeden Fortschritt sperrt und versäumt, das Geltungsstreben durch den Appell an das Gemeinschaftsgefühl einer wirksamen sozialen Kontrolle zu unterwerfen.

Meer und Deich sind in der Tat die bedeutungstragenden Symbole der Novelle. In ihnen bilden sich das ständig drohende Chaos und die konstruktiven Ordnungskräfte des Menschen ab, die gestaltlose, vorgeschichtliche[11] Zerstörung und das gestaltende menschliche Geschichtshandeln. Als soziales, auf die Zusammenarbeit mit anderen angewiesenes Wesen ist der Mensch beim Scheitern gesellschaftlicher Interaktion unweigerlich vom Untergang bedroht. Das Chaos lässt sich nur so lange abwenden, wie die einzelnen Subjekte und die gesellschaftlichen Gruppen ihre sozialen Aufgaben anerkennen und erfüllen.

Aus: Winfried Freund: Theodor Storm, Der Schimmelreiter. Glanz und Elend des Bürgers. Modellanalysen Literatur Band 10. Paderborn: Verlag Ferdinand Schöningh 1984, S. 96–97

1 Zusammenwirken, -arbeit
2 persönlichen
3 vom Verstand unkontrollierten
4 einzubinden, einzufügen
5 schöpferischen
6 Anzeichen, z.B. von Krankheit
7 gemeinschaftlicher
8 Fortdauer
9 Gegensätzlichkeit
10 Strafmaßnahme
11 auch: „ungeschichtliche“, zeitlose

Ein Referat anfertigen und halten

- Lies das Material, welches dir zur Verfügung steht, zunächst sorgfältig durch und markiere wichtige Passagen durch Unterstreichungen (nur in Kopien oder eigenen Texten!), bzw. mach dir Notizen, welche Einzelheiten du für dein Referatthema verwerten kannst.
- Fertige mithilfe des Materials und deiner Notizen eine Gliederung an. Wenn man die Lebensgeschichte einer Person wiedergibt, ist es nicht sinnvoll, sich Jahr für Jahr vorzunehmen. Das wirkt ermüdend.

Fasse Lebensabschnitte zusammen und setze Schwerpunkte, die für das Thema und dein Publikum von besonderem Interesse sind.

- Fülle die Gliederungspunkte mit Stichworten aus, die als Orientierungshilfe für den späteren Vortrag dienen. Überprüfe noch einmal, ob die Abfolge der Gliederungspunkte schlüssig ist.
- Häufig ist es sinnvoll, ausgewählte Textpassagen zu zitieren. Wenn du z. B. die Lebensgeschichte einer Autorin oder eines Autors wiedergibst, kannst du kürzere Texte aus seinem Werk, Anekdoten oder Aussagen anderer über sie oder ihn vorlesen. Schreibe in die Gliederung, wo du die Texte während des Vortrags finden kannst. Im Einzelfall kann es sinnvoll sein, Tondokumente einzusetzen.
- Überlege dir für dein Referat einen interessanten Einstieg. Das kann z.B. ein Zitat oder eine Abbildung sein.
- Verzichte darauf, dein Referat vorzulesen. Versuche vielmehr mithilfe der Gliederung einen freien Vortrag. Dein Stichwortzettel hilft dir, den „roten Faden“ nicht zu verlieren.
- Sprich laut und deutlich. Nimm während des Vortrages mit dem Publikum Blickkontakt auf.
- Gönne dir und dem Publikum während des Vortrags einige „Verschnaufpausen“, in denen du z.B. Teilergebnisse / wichtige Informationen noch einmal zusammenfasst oder Fragen beantwortest.
- Nützlich ist es, wenn du die wichtigsten Ergebnisse zuvor kurz schriftlich festgehalten hast und im Anschluss an dein Referat dieses Informationspapier verteilst.

Aus: Deutsch in 10. Hg. von Peter Kohrs. Paderborn: Verlag F. Schöningh 1996, S. 166

Der illustrierte Schimmelreiter

„Nun springt es – es muss doch ein Pferd sein!"

Aus: Jens Rusch: Der illustrierte Schimmelreiter.
Jork & Rusch Produktionen, Koogstr. 51, 25541 Brunsbüttel.

- ❒ *Worauf bezieht sich eurer Meinung nach diese Illustration im Einzelnen?*
- ❒ *Wählt selbst ein Zitat aus und versucht eine Illustration zu erstellen.*